# Les Légendes de l'Alsace. — Promenades et Souvenirs

Édouard Schuré

1883

# LÉGENDES DE L'ALSACE

## PROMENADES ET SOUVENIRS.

L'Alsace n'a joué dans l'histoire qu'un rôle secondaire ; mais sa position géographique et l'instinct secret de sa race lui ont donné un rôle unique dans le concert multiple des populations européennes et semblent l'avoir prédestinée à une mission spéciale. Placée au beau milieu du bassin rhénan, entre la Gaule et la Germanie, sur la grande route des invasions, l'Alsace a été dès l'origine des temps historiques le théâtre principal de la guerre entre deux races, entre deux civilisations. Conquise et perdue tour à tour par la France et par l'Allemagne, subissant leur double influence, mais ne perdant jamais son individualité propre, elle n'a cessé d'être l'enjeu même de cette grande lutte. C'est la lutte vieille de deux mille ans, entre la civilisation gréco-latine, continuée, renouvelée par tous les peuples latins, dont la France est l'avant-garde, et la civilisation germanique, dont l'Allemagne est le vaste réservoir et vient de devenir sous la main de la Prusse l'agent actif et formidable.

Nous voyons l'Alsace sortir de la nuit des temps sous l'éclair d'un grand coup d'épée. C'est le jour où les légions romaines jettent dans le Rhin, entre Colmar et Cernay, Arioviste et les douze rois teutons ses alliés. Après cette victoire, César, avec l'œil du génie, désigna la bande de terre entre les Vosges et le Rhin comme le boulevard de la Gaule. De fait, elle le demeure jusqu'à la chute de l'empire romain. Les victoires de Julien et de Gratien y assurent la domination de Rome. Mais enfin le flot des barbares rompit la digue. Du IVe au VIe siècle, l'Alsace est foulée, piétinée par les Vandales, les Goths, les Ostrogoths et les Huns. Clovis, après avoir conquis la Gaule, incorpore l'Alsace au royaume des Francs et y rétablit la paix. Elle dure sous les

Mérovingiens et les Carlovingiens. Mais la race de Charlemagne une fois éteinte, les empereurs d'Allemagne s'emparent du pays, pendant que la France se constitue peu à peu sous les Capétiens. Dès lors, ce ne sont plus en Alsace que guerres de seigneurs et de familles ; ces querelles remplissent son histoire sous le saint empire romain. Mais un grand fait domine : c'est la force et l'indépendance croissante des villes libres. On peut dire qu'à travers tout le moyen âge jusqu'au XVII<sup>e</sup> siècle, l'Alsace gravite insensiblement vers la France. Elle est attirée vers elle moins encore par les nécessités politiques que par l'urbanité et la grâce, par cette humanité chevaleresque qui fait le plus beau trait du caractère français. Lorsque l'Alsace passe à la monarchie française, sous Louis XIV, le détachement se fait sans violence et de son plein gré. Si, d'une part, la réformation avait établi entre l'Alsace et l'Allemagne un puissant lien spirituel, le grand mouvement national qui soulève la France pendant la révolution remue l'Alsace jusqu'aux entrailles. C'est alors qu'elle sent son âme devenir française. Elle se donne à la France parce qu'elle épouse son idéal de justice et de liberté. Ni malheurs, ni mécomptes, ni folies ne peuvent l'en séparer. Et c'est au moment où, prenant en quelque sorte conscience d'elle-même, où, forte de son passé, sûre de son avenir, elle veut apporter à la patrie de son choix le tribut de ses meilleures forces et de sa vivace originalité, que la terrible Némésis, la guerre implacable, l'arrache de nouveau à sa mère adoptive pour la livrer pieds et poings liés à une marâtre. Étrange destinée qui a remis en question son bonheur et sa sécurité, mais non pas sa foi invincible.

On voit dès l'abord l'intérêt particulier qu'offre le développement d'un tel pays. Placée entre l'Allemagne et la France, l'Alsace a bu tour à tour à ces deux sources. Comment les deux génies se sont-ils combinés ou combattus en elle ? N'ont-ils pu régner qu'en se détruisant l'un l'autre, ou tendent-ils à trouver en elle une fusion harmonieuse ? Est-ce dans l'exclusion ou dans la prépondérance de l'un des deux qu'est la vraie destinée de la province, son rôle à la fois patriotique et international ?

Qu'on ne s'étonne pas trop, c'est aux humbles légendes populaires que nous allons demander quelques éclaircissemens sur ces graves questions. Il est de nos jours une classe d'esprits si convaincus de la supériorité de notre temps, si parqués dans leur étroite modernité, qu'ils voudraient biffer de notre mémoire tout ce qui précède la date de leur naissance. On les surprendrait fort si l'on allait chercher les racines de notre être moral « au temps où la reine Berthe filait. » Ce n'est pas à eux, disons-le tout de suite, que s'adressent ces pages. Quant à ceux qui estiment comme chose précieuse les manifestations spontanées et involontaires de l'esprit humain, qui aiment à chercher dans les légendes les élémens de la psychologie nationale et le plus suave parfum de la poésie, qu'ils me permettent une comparaison. N'y a-t-il pas en nous comme deux êtres : l'homme imparfait, grossier, plein de taches et de faiblesses, et cet autre moi, ce *double* lumineux, cet idéal intérieur que nous affirmons aux heures de force et d'enthousiasme ? Ce prototype de nous-mêmes, que sans doute nous sommes appelés à poursuivre dans les existences futures, est à la fois le titre de noblesse et l'éternel tourment de ceux qui en ont pris conscience. Malheur et bonheur à ceux qui ont eu cette vision ! Ils sont forcés de combattre le grand combat. Car qui voudrait renoncer à son moi divin après l'avoir entrevu, ne fût-ce qu'une seule fois ? — Or, ce qui est vrai pour l'individu l'est également pour les peuples. Il y a dans la vie nationale des manifestations plus ou moins superficielles, plus ou moins profondes. Tout à la surface, nous trouvons le tissu grossier des faits matériels ; la littérature proprement dite nous fait déjà pénétrer plus avant dans la conscience d'un peuple ; la légende nous introduit dans son fond, à son point générateur, car elle tient au sentiment religieux par sa source, à la poésie par sa forme. L'histoire nous apprend ce qu'un peuple a été dans le cours des temps ; la légende nous fait deviner ce qu'il a voulu être, ce qu'il a rêvé de devenir à ses meilleurs momens. N'est-ce donc rien pour la connaissance de sa psychologie intime ?

Qu'on ne s'y trompe pas cependant. Les légendes alsaciennes ne se présentent point à nous sous la forme achevée, définitive qui séduit et qui s'impose. Les trouvères et les rhapsodes leur ont manqué. La plupart d'entre elles sont à peine sorties de la poussière des chroniques, et les hasards de l'histoire ne leur ont point permis d'atteindre tout leur développement. Ce sont, en général, des traditions demeurées à l'état flottant et embryonnaire ; mais, par ces germes et ces pousses sauvages, on devine le caractère de la végétation. En voyant la pépinière, on imagine la forêt. Nous entendrons ici par légendes les traditions mystérieuses, les visions poétiques et tous les grands souvenirs qui ont traversé les temps, surnagé dans le torrent des siècles, que l'origine en soit mythologique, ecclésiastique, populaire, ou strictement historique. En un mot, nous voudrions rappeler ce qui a vibré et vécu, tout ce qui vibre et chante encore dans l'âme de l'Alsace. Ce sera comme un résumé de son histoire.

Parmi les rochers sans nombre qui couronnent les Vosges et parsèment leurs flancs, il y a, comme en Bretagne, des *pierres qui parlent*. Debout sur la crête nue des montagnes ou sur la pente abrupte au milieu de vastes sapinières, ces *menhirs* gigantesques dominent des océans de verdure. Ce sont les témoins muets des âges disparus. Quand, par les nuits sombres, on approche l'oreille des fissures du grès couvert de mousse, on croit entendre des rires clairs ou des soupirs mélodieux s'échapper des entrailles de la pierre. Est-ce le vent qui joue dans les volutes de ces vieilles rocailles ? Est-ce le frémissement musical des hautes branches d'un sapin séculaire ? Les filles du village vous diront que c'est *la voix des fées* qui révèlent le passé et prédisent l'avenir.

Appliquons un instant notre oreille aux vieilles et jeunes légendes du pays, et tâchons d'entendre chanter son âme à travers les âges.

# I.

Lorsqu'on parcourt ce vaste verger qui se nomme la plaine d'Alsace, l'œil rencontre à l'horizon une bande ondulée d'un bleu sombre ; ce sont les Vosges. Par-delà les moissons jaunes et les hautes houblonnières, par-dessus les champs de colza ou derrière les rideaux d'aulnes qui enveloppent les villages rians sans les cacher, partout vous apercevez cette bordure lointaine de croupes boisées ou de cimes abruptes qui attirent le regard et reposent la vue. C'est aussi vers cette chaîne de montagnes que nous reportent les plus anciennes traditions, les grandes légendes du pays, comme vers des lieux en quelque sorte sacrés.

Franchissons la zone des vignobles qui longent les montagnes, engageons-nous dans une des nombreuses vallées latérales, et gagnons les cimes à travers les épaisses forêts de chêne, de hêtre et de sapin : un autre spectacle s'offre à nos yeux. Du sommet du Ballon, du Honeck, du Brézouard ou du Donon, le relief des montagnes se dessine. Au-dessus de l'enchevêtrement des vallées profondes, les sommets des Vosges émergent des forêts comme des îles. Ce ne sont pas les pics escarpés des Alpes ni les plateaux monotones du Jura, mais de larges dômes ou des dos allongés qui affectent la forme d'animaux gigantesques, antédiluviens. Suivez ces crêtes rocheuses, promenez-vous sur ces landes, et vous vous croirez dans un autre monde. On dirait des lieux créés par la nature pour des réunions secrètes. La vie moderne s'est éloignée avec la plaine, qui prend d'ici les aspects changeans, les stries claires ou sombres d'une mer immense. Les *burgs*, les châteaux-forts, les ruines innombrables disparaissent à nos pieds. Nous pénétrons, bien au-delà du moyen âge, dans une région préhistorique. Sur la crête du Taenichel, qui descend du Brézouard aux châteaux de Ribeauvillé, des rochers étranges bordent la hauteur. Ce sont des blocs aux flancs creusés ou équarris. D'énormes *cairns* surplombent l'abîme des forêts ; ils profilent sur les nuages leurs têtes de sauriens ou allongent dans le vide des museaux de sangliers. Çà et là les sapins envahissent l'enceinte monumentale ; plus loin, un chaos de rochers s'éboule dans les bois. Partout, aux formes des pierres, aux entailles, à leurs dépressions on croit distinguer la main de l'homme sous les caprices de la nature. Un peuple disparu adorait-il ici ses dieux terribles ? Vient l'orage ; de lourdes nuées enveloppent la montagne ; l'éclair bleuit la lande blafarde, les vallées se renvoient le bruit de la foudre, — et, frappés d'épouvante, vous croirez voir le Tarann gaulois lancer sa hache de pierre contre les angles de la montagne et entendre la voix d'Ésus sortir des forêts fouettées par l'ouragan.

Poursuivez cette promenade sur les sommets du sud au nord, et vous trouverez les traces de plus en plus visibles et certaines des peuples primitifs, des civilisations disparues. Au Schneeberg, c'est une pierre branlante parfaitement équilibrée ; au Donon, ce sont les restes d'un temple gaulois ; à Sainte-Odile enfin et au Menelstein, c'est le *mur païen*, prodigieuse construction qui fait depuis cent ans le bonheur des touristes et le désespoir des archéologues. Nous abandonnons aux savans le soin de déterminer à quelles époques diverses se rattachent ces monumens mégalithiques. À eux de décider si les premiers habitans de l'Alsace furent des Troglodytes, des peuples à silex ou à pierre polie, des crânes déprimés ou allongés, des Aryens, des Touraniens ou pis encore. Allons droit à l'âge gaulois et celtique, qu'on peut appeler le premier âge historique de l'Alsace, puisqu'il a laissé dans la langue et la légende des souvenirs ineffaçables.

Transportons-nous à l'époque où les Gaulois occupaient encore la rive gauche du Rhin, cent ans avant César et cinquante ans avant la grande invasion des Cimbres et des Teutons. La plaine d'Alsace était couverte de forêts et de pâturages. Vue d'en haut, on eût dit une peau noire tigrée de taches vertes. Là sont parsemés les villages des Séquanes et des Médiomatrices, maisons rondes de bois couvertes de toits de joncs, peuple de pêcheurs et de chasseurs. Ils adoraient Vogésus, le dieu des Vosges. Les Gaulois se le représentaient tantôt comme un berger colossal poussant devant lui les troupeaux d'aurochs et de chevaux sauvages qui peuplaient alors ces forêts inextricables, tantôt comme un guerrier géant debout sur une haute cime de la chaîne, en face de la Germanie. Ils invoquaient aussi Rhénus, le dieu du Rhin, vieillard toujours en colère, auquel ils attribuaient la puissance prophétique. Mais, au-dessus de ces divinités locales créées par les indigènes régnaient les grands dieux aryens de la Gaule : Ésus, Tarann, Bélen, dont le culte était entre les mains des druides et qu'on révérait sur le sommet des montagnes.

Dès ces temps reculés, l'Alsace avait sa montagne sainte, et, chose étrange, c'était la même qu'aujourd'hui. Car, comme nous le verrons plus tard, la légende chrétienne vint se greffer sur les lieux consacrés par les vieux cultes païens. Mais pour le moment, il nous faut oublier que nous nous trouvons sur la montagne de sainte Odile et substituer à son couvent le temple du Soleil, qui la couronnait alors. Par sa situation comme par sa forme, cette montagne est la plus remarquable de l'Alsace. Placée en évidence, elle était prédestinée à la vénération des siècles. De plus de dix lieues on aperçoit ce haut plateau. Le Menelstein forme son angle gauche et son point culminant. Il envoie dans la plaine un long promontoire mamelonné, où se dessine le château de Landsberg. À l'angle droit, un rocher isolé domine à pic les sombres forêts de sapins comme une citadelle en vedette. Un couvent l'occupe aujourd'hui ; mais il y a deux mille ans, il portait le temple de Bélen et s'appelait la montagne du Soleil. — Plaçons-nous maintenant sur le roc du Menelstein, à l'angle sud du plateau, et nous jouirons d'une vue à la fois splendide et sauvage, éblouissante de contrastes et d'immensité. On plane ; montagnes et plaines se déroulent à perte de vue. Les ruines d'Andlau et de Spesbourg, si majestueuses lorsqu'on les voit d'en bas, disparaissent dans les profondeurs comme des taupinières. Quatre ou cinq chaînes de montagnes se succèdent l'une derrière l'autre comme un océan dont les vagues gigantesques vont du vert clair à l'indigo et qui roulent sur vous. Mais à côté du vertige des cimes s'étalent le charme et le repos de la plaine. Elle s'étend tout autour comme un verger sans fin, avec ses prairies, ses clochers, ses bouquets d'arbres jusqu'à la Forêt-Noire. Par les beaux soirs d'été, les Alpes dentelées scintillent, mirage aérien, au-dessus de la ligne vaporeuse du Jura.

Une lande couverte de genêts occupe le sommet et se recourbe en fer à cheval jusqu'au rocher qui forme saillie au nord. Une chose frappe l'attention sur tout ce parcours, c'est un vieux mur qui longe et contourne le plateau. Il est bâti en énormes blocs de grès vosgien grossièrement équarris, mais si larges et si bien campés qu'ils n'ont pas bougé depuis des siècles. Quelquefois on les a trouvés reliés entre eux par ces petites pièces de bois nommées queues d'aronde. Çà et là, les pierres s'encastrent dans le roc, s'appuient aux angles de la montagne, appelés chaires de Bélen par la mythographie celtique. Quelquefois le mur, suivant les accidens de terrain, est forcé de descendre dans une ravine, mais c'est pour regrimper sur la crête. Sur un espace de plus de deux lieues, il fait le tour du plateau. Autrefois, le peuple, frappé de cette puissante construction, l'attribuait au diable. De là son nom de *mur païen*. Ni les hommes ni les élémens n'ont pu le démolir. La foudre a eu beau tomber, le levier creuser les interstices ; les sapins, drus et serrés, se sont lancés par milliers à l'assaut contre lui ; il n'a pas bougé. Ils ont recouvert ses parois, fouillé ses entrailles de leurs racines ; mais les arbres se dessèchent et meurent ; le mur immuable est toujours là : il est resté le maître de la montagne qu'il couronne et durera autant qu'elle.

Quel que soit l'âge de ce mur prodigieux sur lequel s'est épuisée la sagacité des antiquaires[1], il est évident qu'il avait pour but la défense du plateau. D'autre part, les *tumuli* trouvés dans l'enceinte[2], les *menhirs* postés sur les flancs, les *dolmens* et les pierres de sacrifice qui parsèment la montagne et les vallées environnantes, les noms mêmes de certaines localités[3], tout prouve que la montagne fut dans les temps celtiques le siège d'un grand culte. Rapprochons maintenant les deux ordres de faits qui découlent de ces monumens et des traditions celtiques, aidons-nous de l'histoire et de la légende et tâchons de ressusciter les scènes dont ces pierres furent les témoins avant l'arrivée des Romains.

Il y eut dans la Gaule celtique quatre grands centres religieux où se réunissaient les tribus des diverses régions. On y traitait à certaines époques les affaires religieuses, politiques, militaires et judiciaires de la confédération. Ces lieux étaient Karnut (Chartres), au centre de la Gaule ; Karnac en Bretagne ; le massif d'Alaise dans le pays de Besançon ; et la montagne d'Ell (Bel ou Bélen), aujourd'hui le mont de Sainte-Odile[4]. Ce dernier dut être l'avant-garde de la Gaule en vue de la frontière germaine. Lorsque les druides venus de Bretagne avec les Kimris, s'emparèrent du gouvernement religieux et politique de la Gaule, ils apportèrent avec eux des dieux nouveaux et une doctrine secrète sur l'évolution de la vie, sur l'âme et sur la vie future. Cette doctrine, parente des mystères de Samothrace, se rattachait au culte des révolutions célestes. Eux seuls et leurs disciples en avaient le privilège. Quant aux peuples maintenus par la terreur sous leur autorité, ils étaient admis à la vénération des dieux supérieurs sans être initiés à leur nature. Rien de plus redoutable que l'inconnu. Ces dieux n'habitaient que les cimes ou les îles sauvages de l'océan. Or le mont de Bélen se prêtait admirablement à la mise en scène de ce culte. Les grandes fêtes avaient lieu au solstice d'hiver et au solstice d'été, quand l'astre vainqueur remontait vers le zénith ou lorsque, parvenu au plus haut du ciel, il s'arrêtait pour contempler son empire. Une grande quantité de Gaulois accourait alors du nord et de l'ouest et venait camper aux abords du mont sacré. Mais la foule n'était admise à l'ascension que la nuit. Les ovates ou eubages gardaient les chemins et guidaient les visiteurs avec des torches de résine. On s'engageait dans une des sombres vallées latérales. C'était la région pleine de terreurs des dieux du mal, des démons de la terre. Çà et là, dans un fourré, à la lueur des pins flambans, on voyait luire un couteau de sacrifice. Quelquefois le cri d'une victime feinte ou réelle perçait l'oreille et donnait le frisson. Mais, peu à peu, à travers les massifs de sapins, les bouquets de bouleaux, par les sentiers qui s'enroulaient autour de la montagne comme des bandelettes, on gagnait les régions supérieures. On parvenait enfin sur la lande de Ménel, éclairée par la lune, où les visiteurs se prosternaient devant Sirona, la Diane gauloise. Après toute sorte de rites solennels, vers l'aube, on approchait par le plateau du temple de Bélen. Mais il était interdit aux profanes de franchir sa triple enceinte sous peine de mort. Tout ce qu'ils pouvaient obtenir, c'était de voir le dieu lui-même, le soleil levant sortir de la Forêt-Noire et dorer de son premier rayon le temple circulaire aux sept colonnes, debout sur l'abîme.

La sainte terreur que les Gaulois avaient de leurs dieux garantissait la montagne contre toute profanation. Mais il y avait d'autres ennemis à craindre : les Germains, qui dès le 1er siècle avant notre ère, menaçaient la Gaule. Les historiens romains nous ont décrit la formidable invasion des Teutons que Marius seul parvint à vaincre. Ils nous ont montré ces hommes de taille gigantesque, vêtus de peaux de bêtes, coiffés de mufles d'animaux effrayans ou bizarres, portant des panaches en forme d'oiseaux de proie pour se rendre plus effrayans. Ils nous ont fait entendre « leurs rugissemens, pareils à ceux des fauves. » Ils nous ont fait voir ces peuples cheminant avec leurs chariots, leurs trésors et leurs femmes, et se répandant « comme une mer soulevée. » Mais cette invasion ne fut pas la seule. Beaucoup d'autres la précédèrent et la suivirent. Ces hordes venaient du fond de la Germanie, par la forêt hercynienne, pour ravager la Gaule ; les Vosges recevaient le premier choc, les trésors du temple avaient de quoi tenter la cupidité des Teutons ; et c'est sans doute pour le protéger que les druides firent construire ce mur énorme. Une armée pouvait camper dans l'enceinte. Plus d'une fois, elle dut être attaquée et vaillamment défendue. La muette éloquence des lieux nous retrace encore une de ces batailles où le génie ardent de la Gaule luttait avec la Germanie envahissante comme avec les élémens déchaînés : les feux allumés sur les plus hautes cimes pour rassembler toutes les tribus de l'Est ; le mont de Bélen investi par les Teutons ; les attaques nocturnes ; les combats sur les avant-monts à coups de hache et de framée ; l'enceinte escaladée, franchie, le temple menacé ; les druides se jetant dans la lutte, flambeaux allumés ; la mêlée au hasard, corps à corps, dans le chaos des rochers et des bois, et l'ennemi enfin précipité de ravine en ravine.

Plus belles que les fêtes du solstice étaient les fêtes de victoire. Alors la montagne de la guerre redevenait la montagne du soleil. Elle se hérissait de tribus armées. Les premiers guerriers étaient admis dans l'enceinte du feu sacré qui brûlait au centre du temple circulaire sur une pierre noire tombée du ciel. Le soleil renaissant embrasait le temple, les forêts, les montagnes. Peut-être qu'un barde debout sous les colonnes chantait pour la circonstance un de ces hymnes dont les traditions irlandaises et galloises nous ont conservé des fragmens : « Il s'élance impétueusement, le feu aux flammes, au galop dévorant ! Nous l'adorons plus que la terre ! Le feu ! le feu ! comme il monte d'un vol farouche ! Comme il est au-dessus des chants du barde ! comme il est supérieur à tous les élémens ! Il est supérieur au grand être lui-même. Dans les guerres, il n'est point lent !… Ici, dans ton sanctuaire vénéré, ta fureur est celle de la mer ; tu t'élèves, les ombres s'enfuient ! Aux équinoxes, aux solstices, aux quatre saisons de l'année, je te chanterai, juge de feu, guerrier sublime, à la colère profonde[5] ! » — Et les sept vierges gardiennes du feu, symboles des sept planètes, vêtues de lin blanc et couronnées de feuilles de bouleau tournaient autour du temple en frappant leurs cymbales et en poussant des cris de joie sur l'abîme.

De tout cela que reste-t-il aujourd'hui ? Quelques pierres et le vieux mur impassible. La montagne des Gaulois, des Francs et des Français est retombée au pouvoir des Teutons. Elle porte çà et là des écriteaux allemands et c'est dans la langue de Teutobocchus qu'on nous montre le chemin des *cromlechs*, des *dolmens* du *rocher des druides* et du *plateau des fées* ! Et quand tout semble avoir oublié ce passé lointain, sauf les pierres, la légende à la mémoire tenace se souvient encore. Elle parle d'armées entières aux cuirasses de feu qui se combattent la nuit sur les landes, de fées *qui dansent au clair de lune entre les bouleaux*. Une superstition singulière est restée attachée à la chapelle qui s'élève sur l'emplacement du temple de Bélen. Les jeunes filles qui veulent se marier dans l'année en font trois fois le tour. Qui sait ? C'est peut-être un souvenir de l'ancien culte solaire et des vierges gardiennes du feu.


## II.


*The dream is changed*, comme dit Byron. Pour les peuples comme pour les individus, la vie est un rêve dont les tableaux se succèdent et s'effacent, dont le temps n'est qu'une vaine mesure. — Nous sommes à l'époque des Mérovingiens. Sept siècles ont passé sur l'Alsace. Après les Romains, les barbares se sont succédé. Attila a rasé l'enceinte primitive de Strasbourg. Les Francs enfin ont pacifié le pays. Çà et là apparaissent les premières traces de la civilisation. Dans les forêts encore pleines de bêtes fauves, des commencemens de villes et de villages se groupent autour des castels romains et des fermes où se sont installés les chefs francs avec leur *truste* qui comprend toute une armée de vassaux. Après tant d'horribles invasions, les faibles se serrent autour des forts, les paysans autour des guerriers. Le serf est trop heureux d'avoir un maître qui empêche son champ d'être brûlé. La féodalité, à son origine, est une protection. Quant aux rois mérovingiens qui ont conquis la Gaule, après un siècle de débauches effrénées et de cruautés sans nombre, ils sont tombés dans la mollesse. Le royaume est en train de se démembrer. Bientôt les maires du palais, s'emparant du sceptre, vont faire expier à leurs derniers descendans la paresse et les crimes de leurs pères. La chevelure du dernier des Mérovingiens, cette longue chevelure blonde, signe de la liberté et du pouvoir royal, tombera au fond d'un couvent sous le ciseau de la tonsure. La France proprement dite est à peine en formation ; l'Allemagne n'est encore qu'une matrice de barbares, un foyer d'invasions que l'épée des Francs commence à maintenir en respect.

Mais une autre lutte agite ce temps, lutte profonde, tout intérieure et fertile en conséquences. C'est la lutte du christianisme contre la barbarie. L'église s'est emparée de l'esprit des Francs, et, forte de sa supériorité intellectuelle, les dirige selon de vastes desseins. Mais la conquête spirituelle des âmes se fait par le monachisme, qui représente l'église libre de ce temps. Les inspirés, les saints, les héros de l'époque sont les Patrice, les Colomban et tous ces disciples de saint Benoît que l'Italie envoie à la Gaule. Ces hommes doux et sans armes sont plus redoutés des rois barbares que les plus grosses armées. Ce sont des dompteurs d'âmes et de bêtes fauves. Ils prêchent la douceur, la charité, la mansuétude au milieu des haines sauvages, de la férocité et du crime. Et, chose étrange, les barbares tremblent, écoutent, obéissent. C'est à cette victoire morale du sentiment chrétien sur la barbarie que se rapporte la plus belle peut-être et la plus complète des légendes alsaciennes[6]. Nous la raconterons avec son merveilleux, et, dans sa simplicité naïve, telle qu'on la trouve dans les vieilles chroniques, sans chercher à démêler l'histoire de la fiction.

Du temps du roi Childéric II, vers l'an 670, Atalric était duc d'Alsace. Il résidait tantôt à son château d'Obernai, tantôt à Altitona, castel romain bâti au sommet de la montagne, sur l'emplacement du vieux sanctuaire gaulois. Cet Austrasien, au caractère violent et cruel, avait pour femme la sœur d'un évêque, la pieuse Béreswinde. Depuis longtemps, les époux attendaient un héritier, quand la duchesse accoucha d'une fille aveugle. Le duc s'en fâcha si fort qu'il voulut tuer l'enfant : « Je vois bien, dit-il à sa femme, que j'ai étrangement péché contre Dieu pour qu'il m'inflige pareille honte, qui jamais n'est arrivée à aucun de ma race. — Ne t'afflige pas ainsi, lui répondit Béreswinde. Ne sais-tu pas que le Christ a dit d'un aveugle-né : « Il n'est pas né aveugle à cause de la faute de ses pères, mais afin que la gloire de Dieu apparaisse en lui ? » Ces paroles ne purent apaiser la colère sauvage du duc. Il reprit : « Fais que l'enfant aveugle soit tué par un des nôtres ou qu'on l'emporte assez loin pour que je l'oublie ; sinon, plus de joie pour moi. » Ces mots remplirent Béreswinde de terreur. Mais elle se souvint d'une serve fidèle. Elle lui remit sa fille aveugle, et, recommandant l'enfant à Dieu, elle pria la pauvre femme de le porter en secret au couvent de Baume-les-Dames, en Bourgogne. Bientôt après, un évêque vint baptiser l'enfant adoptif du monastère. Pendant qu'il versait l'eau baptismale sur le front de la petite, celle-ci ouvrit tout à coup de beaux yeux couleur d'améthyste, qui semblaient voir des merveilles et regarda l'évêque comme si elle le reconnaissait. L'aveugle-née avait reçu la vue. L'évêque lui donna le nom d'Odile et s'écria transporté de joie : « Chère fille, maintenant je demande à te revoir dans la vie éternelle ! »

Odile fut élevée au couvent de Baume-les-Dames par de nobles Austrasiennes qui préféraient la retraite en Dieu aux terreurs de ces temps barbares. Elle grandit au milieu de la solitude des forêts, dans le silence du cloître, comme une fleur au calice brillant et coloré. Lorsqu'elle fut devenue une belle jeune fille, un hasard lui apprit sa naissance et son origine. Surprise, émerveillée de cette découverte, elle fut saisie d'un désir impétueux de voir son père, de le presser dans ses bras. Et comme on lui dit qu'elle avait un jeune frère ardent et généreux, elle lui écrivit une lettre en le priant d'intercéder pour elle. À cette lecture, Hugues fut pris de pitié et d'une sorte de passion pour cette sœur inconnue qui faisait appel à ses sentimens les plus intimes et croyait en lui comme en son sauveur. Il supplia son père de l'écouter. Mais au seul nom d'Odile, Atalric fronça le sourcil et imposa silence à son fils. Hugues ne tint aucun compte de cette défense et imagina un stratagème pour faire rentrer sa sœur en grâce. Il lui envoya secrètement un équipage pour revenir en Alsace. Un jour, Atalric était assis avec quelques-uns de ses vassaux sur la terrasse d'Altitona, d'où l'on domine à pic un profond ravin. Sur la route qui monte vers le haut castel par un grand circuit, il vit arriver un char traîné par six chevaux, orné de branchages et de la bannière ducale. Il demanda : « Qui vient en si grande pompe ? » — Son fils répondit : « C'est Odile ! » — Blême de colère, Atalric s'écria : « Qui est assez hardi et assez fou pour l'appeler sans mon ordre ? — Seigneur, reprit Hugues, c'est moi, ton fils et ton serviteur. C'est grande honte que ma sœur vive en telle misère. Par pitié, je l'ai appelée. Grâce pour elle ! » — À ces mots, qui, aux yeux du Franc autocrate et implacable, étaient plus qu'une révolte et constituaient un véritable attentat à sa puissance, il brandit son sceptre de fer et en frappa son fils avec tant de violence que celui-ci mourut peu après.

Cependant Atalric, effrayé de son forfait, rentra en lui-même, et, en signe de repentir, appela sa fille auprès de lui. Des prétendans se présentèrent. Mais l'horreur de la vie avait envahi l'âme d'Odile et l'image de son frère mort pour elle y régnait seule. Elle refusa de se marier. Cette fermeté exaspéra l'âme irritable du Franc. Il résolut de lui faire épouser par force un prince aléman. Instruite par sa mère, Odile s'échappa la nuit dans un costume de mendiante. Elle traversa la plaine, passa le Rhin dans la barque d'un pêcheur et s'enfuit jusqu'aux montagnes. Harassée de fatigue, elle venait d'atteindre une vallée déserte et sauvage de la Forêt-Noire. La nuit tombait, lorsqu'elle entendit derrière elle le galop des chevaux et le cliquetis des armes. Elle comprit que c'était son père qui la poursuivait avec son prétendant et toute une troupe de vassaux. Ramassant le reste de ses forces, elle voulut gravir la montagne pour se cacher. Mais elle tomba épuisée au pied d'un roc. Saisie de désespoir, mais pleine d'une foi vive, elle étendit ses bras vers le ciel en invoquant le protecteur invisible, le roi glorieux des infortunés. Et voici que le dur rocher s'ouvrit tout d'un coup, la reçut dans son sein et se referma sur elle. Atalric, étonné, appela sa fille par son nom en lui promettant la liberté. Alors le rocher s'ouvrit comme une caverne et Odile apparut à la troupe émerveillée dans l'éclat de son innocence et de sa beauté. Toute la grotte rayonnait d'une lumière surnaturelle qui partait de la vierge, et Odile déclara qu'elle se donnait pour toujours à son rédempteur céleste.

À partir de ce jour, le duc d'Alsace fut l'humble serviteur de sa fille. Retiré lui-même au château d'Obernai, il céda à Odile le castel d'Altitona. Elle y fonda un couvent de bénédictines et en devint l'abbesse. Ainsi le sommet de l'altière montagne qui avait servi tour à tour de temple aux Gaulois belliqueux, de position militaire à l'empereur Maximien, et de résidence à un Franc ripuaire, devint enfin l'asile de l'ascétisme chrétien. Odile en donna l'exemple. Elle ne mangeait que du pain d'orge, couchait sur une peau d'ours, et mettait une pierre sous sa tête en guise de coussin. Mais elle avait l'âme trop aimante pour se contenter des joies de la vie contemplative, de ces voluptés exquises où le mystique trouve la compensation de ses tortures corporelles. Ses propres souffrances l'avaient rendue *voyante* dans le sens le plus profond du mot. Elle comprenait maintenant la souffrance des autres. Elle avait perdu un frère bien-aimé, premier rêve de son cœur, mais tous ceux qui souffrent étaient devenus ses frères et ses sœurs. Son ardente charité ne s'étendait pas seulement sur ses compagnes, mais encore sur tous les gens de la contrée. Elle fonda un hôpital dans le vallon qui s'ouvre au pied du couvent, afin que les malades pussent jouir du bon air et fussent plus près d'elle. Tous les jours, Odile, en robe de laine blanche, descendait d'Altitona au bas moustier, à travers les colonnades des hauts sapins, pour soigner et consoler ses malades. La chronique et la voix populaire disent merveille de ses miracles. Le plus touchant est celui qu'elle fit pour un pèlerin qu'elle rencontra mourant de soif. La sainte toucha le roc de son bâton. Aussitôt une eau claire et fraîche jaillit des fissures profondes du grès. C'est la fontaine qu'on rencontre tout près du sommet et à laquelle le peuple attribue toutes sortes de vertus.

En ce temps, Atalric vint à mourir. Odile reconnut dans son esprit que son père était en grande souffrance dans le purgatoire, à cause de ses crimes qu'il n'avait pas expiés sur la terre. Elle en ressentit une grande douleur et, redoublant d'austérités, elle pria pour lui des années. Elle pria si longtemps et si fort qu'une nuit, vers le matin, elle aperçut une vive lueur vers le fond de l'espace et entendit une voix forte lui dire : « Odile, ne te tourmente plus pour ton père, par le Dieu tout-puissant t'a exaucée et les anges ont délivré son âme. » À ce moment, les sœurs accourues la trouvèrent agenouillée en extase et presque inanimée. Elles voulurent la réveiller pour lui administrer les sacremens, mais Odile leur dit : « Ne me réveillez pas ; j'étais si heureuse ! » Et comme transfigurée, elle rendit l'âme. Aussitôt il se répandit sur le sommet de la montagne un parfum plus suave que celui des lis et des roses, plus éthéré que le baume des pins qui s'envole dans la brise.

Telle est la légende qui, depuis un millier d'années, a fait couler les larmes des âmes simples au pays d'Alsace. Les savans alsaciens ont beaucoup discuté sur son origine et son authenticité. Quelques-uns ont nié jusqu'à l'existence d'Atalric et de sa fille. Le couvent aurait été fondé par une des femmes de Charlemagne, et l'histoire inventée après coup par un moine d'Ebersheim. Quant à nous, nous ne pensons pas que ces nobles et poétiques figures naissent dans l'imagination populaire sans qu'une puissante personnalité l'ait d'abord fécondée. L'âme du peuple élabore et traduit ensuite à sa manière ce qui l'a ému, transporté au-dessus de lui-même. Mais l'action a précédé le rêve ; l'action est à l'origine de tout. Il y a dans ce récit un symbolisme naïf, un pathétique intime, une psychologie profonde, qui sont à peine indiqués, mais qui se devinent. L'idée de la *voyante*, de la vision spirituelle de l'âme, qui voit et possède le monde intérieur supérieur à la réalité visible domine toute la légende, y jette comme des raies de lumière. La lutte entre l'égoïsme, la dureté, la violence du père et la pureté victorieuse de la vierge consciente et forte y introduit un élément profondément dramatique. Enfin la charité qui ouvre des sources dans le désert, le dévoûment sans bornes qui demande à souffrir pour le coupable afin de le sauver, lui donne son couronnement.

Quiconque a gravi cette montagne, quiconque, après avoir visité *la chapelle des pleurs* et *la chapelle des anges*, a contemplé ce vaste horizon et vu trembler la ligne azurée du Jura dans la pourpre du couchant, n'aura pas de peine à croire à la vierge des temps mérovingiens. Il lui semblera même que son âme respire dans cet air si pur. En redescendant par ces grandes forêts de sapins dont les fûts élancés se perdent dans une brume bleuâtre comme des nefs infinies, il ne pourra s'empêcher de rêver à l'église invisible, mais éternelle, des grandes âmes qui est au-dessus de tous les temps et de toutes les discussions ; car elle a pour colonnes la charité sublime et la foi en l'âme immortelle.

### III.

De sainte Odile à la reine Richardis il n'y a pas loin. Il suffit pour cela de passer d'une vallée à l'autre et de nous transporter du VII<sup>e</sup> au IX<sup>e</sup> siècle. Pour ce temps-là qui n'avait ni chemins de fer, ni presse, ni démocratie, ni tout ce qui nous enfièvre et nous précipite comme un train lancé à toute vapeur, deux cents ans représentent à peine vingt des nôtres. Cependant le monde avait marché. Aux Mérovingiens avaient succédé les Carlovingiens. Un grand homme avait surgi parmi eux. Charlemagne avait compris que les deux instrumens de la civilisation étaient la tradition latine et le christianisme ; il les imposa au monde barbare à grands coups d'épée. De l'alliance de Charlemagne avec l'église sortira la féodalité. L'idée de la fidélité de l'homme à l'homme se combinant avec celle du monde intérieur et spirituel produira la chevalerie, cette manifestation surprenante et originale des races du Nord, germaniques et celtiques. La chevalerie est une conception nouvelle de la vie qui comprend à la fois un idéal plus élevé de l'homme et de la femme. Le type du chevalier joignant à la féauté la parfaite courtoisie et l'*attemprance*, cette douceur exquise d'une âme maîtresse d'elle-même, n'est pas encore formé. Il mettra trois ou quatre cents ans à son épanouissement. Honorer et servir ce qui est faible ! il n'est pas facile

26

d'enseigner cela à des gens pour qui un coup de hache dans le crâne d'un voisin gênant est chose aussi simple que d'écraser une mouche. Mais, dès les temps carlovingiens, les croisades sont dans l'air, l'idéal chevaleresque germe sous les passions sauvages, et, en attendant qu'il occupe les troubadours et les trouvères, il prélude dans la légende.

Mais retournons au coin des Vosges que nous venons de quitter. Des hauteurs de Sainte-Odile descendons dans la vallée de Barr et remontons la côte en face à travers les taillis jusqu'au château de Spesbourg. La ruine est plantée comme un nid d'aigle au-dessus d'une sombre vallée qu'elle domine à pic. Le ravin sauvage s'égaie en s'ouvrant sur la plaine. Les crêtes hérissées de sapins noirs font place à des collines de châtaigniers, à des vignobles. C'est le val d'Andlau. La petite ville du même nom est nichée entre ses derniers plis. Un clair et fort torrent qui descend du Hohwald la traverse, et une belle église romane la domine de son clocher. C'est là que repose une reine des Francs, Richardis, la femme d'un des derniers Carlovingiens. Rappelons en deux mots son histoire et sa légende.

Richardis eut pour père Erchangard, comte de la Basse-Alsace. Quelques-uns prétendent qu'il était d'origine écossaise, et de fait le caractère fier, indépendant et original que la tradition prête à sa fille s'accorde avec le tempérament de cette race. Les chroniques vantent à l'envi sa beauté éclatante, l'élégance de ses formes, la hauteur et le charme de son esprit. Le destin donna à cette femme accomplie le plus triste des maris. Elle épousa l'empereur

Charles le Gros, que les Francs élurent roi de Neustrie et d'Austrasie. Mais l'arrière-petit-fils de Charlemagne n'avait rien de son aïeul. Épais, lourd et sournois, il était pire que les derniers Mérovingiens. À une vue courte en toute chose il unissait une ruse cauteleuse, et la méchanceté guettait sous sa faiblesse. S'il sortait de sa profonde indolence, c'était par accès de cruauté, puis il retombait dans le sommeil de la paresse et de la lâcheté. Pour achever ce portrait peu flatteur, disons que Réginon l'accuse d'impuissance. Intimidé par la supériorité de Richardis, Charles le Gros subit malgré lui son ascendant, contre lequel il regimbait en secret. Celle-ci, animée d'une noble ambition, essaya d'en user pour sauver le royaume de Charlemagne, qu'elle trouvait livré aux intrigans, ravagé par les Northmans et les Frisons. Dans ce dessein, elle fit nommer l'évêque de Verceil chancelier du royaume. Luitgard était un homme d'un caractère énergique et droit. Homme de paix à l'église, il redevenait homme d'action dans le conseil. D'accord avec la reine, il appela tous les Francs à la guerre et ne craignit pas d'écarter du pouvoir les Alémans et les Souabes qui avaient encouragé l'indolence du roi dans leur propre intérêt. Ceux-ci jurèrent de perdre Richardis.

À la tête de la conjuration se trouvait un fourbe habile, un Souabe, que la tradition appelle *le chevalier rouge*. Un jour qu'il traversait avec le roi une partie sombre de la basilique, la reine, qui avait l'habitude d'y faire ses dévotions, vint s'agenouiller à l'entrée du chœur. Lorsqu'elle eut terminé sa prière, Luitgard sortit de l'abside pour lui donner sa bénédiction. En se relevant, Richardis prit en main la croix que le jeune évêque portait suspendue à sa poitrine et y porta ses lèvres avec une ferveur religieuse. À cette vue, le Souabe faisant un geste d'horreur, dit au roi : « Voilà ce qu'ils osent dans le saint lieu ! Seigneur, jugez par là de ce qu'ils font en secret ! » L'étonnement, l'indignation jouée du chevalier rouge, et ce baiser mystique entrevu de loin dans la pénombre de l'église, suffirent pour jeter dans l'esprit du roi les soupçons les plus noirs. Depuis longtemps il haïssait la reine, qui lui imposait sa volonté avec une douceur fière. Il n'eut pas de peine à la croire coupable d'une passion audacieuse et des derniers débordemens.

Charles, transporté de fureur, fit appeler Luitgard, l'accabla d'injures et le chassa ignominieusement sans lui permettre de se justifier ; puis, faisant comparaître sa femme devant son tribunal, il l'accusa publiquement d'adultère. Richardis, indignée, mais calme, offrit de prouver son innocence par l'épreuve du feu. Charles accepta le défi et fixa le jour. — Scène étrange et solennelle. — Une immense assemblée est réunie sur la place publique. Le roi siège sur son tribunal, entouré des plus grands seigneurs francs et des hauts dignitaires de l'église. Richardis paraît en reine splendide, étincelante de pierreries, dans un long manteau de pourpre, couronne en tête. Elle s'avance vers le roi et lui offre ses gants. Il les saisit ; c'est le signe qu'il persiste dans l'accusation. Alors Richardis s'éloigne et reparaît dans une tunique de soie blanche cirée, serrant sa croix sur son cœur. Des moines chantent l'office des trépassés. La reine est d'une pâleur mortelle, mais la flamme de l'extase brille dans ses yeux élargis et fixes. Quatre valets, avec des torches allumées, essaient de mettre le feu aux quatre coins de sa robe. La flamme n'y mord pas, et les valets reculent d'effroi. Alors on étend devant elle une traînée de braise incandescente. Elle marche dessus, pieds nus, et les charbons ardens s'éteignent sous ses pas. À ce prodige, la foule pousse une immense acclamation, et les accusateurs, consternés, s'enfuient. Mais Richardis, d'une voix forte, adresse à son époux ces paroles mémorables : « Roi Charles, je vous ai prouvé mon innocence en passant par le feu. Par vous j'ai voulu sauver le royaume, mais il n'est plus rien de commun entre nous. Désormais j'appartiens à celui dont la beauté étonne le soleil et les étoiles et qui reconnaîtra ma fidélité mieux que vous. Adieu ; vous ne me reverrez plus. Que Dieu vous pardonne comme je pardonne à mes accusateurs ! d'Après quoi Richardis se retira dans son pays natal et y fonda l'abbaye d'Andlau. Charles, peu après, fut déposé par les Francs et mourut dans l'exil et la misère.

Telle la tradition de l'abbaye. Il est curieux de voir ce que l'imagination populaire a ajouté à la légende ecclésiastique. Richardis, accusée d'adultère par son époux, disent les chroniqueurs qui ont suivi cette variante, s'en remit au combat singulier, qui était une autre forme du *jugement de Dieu* dans les idées du moyen âge. Un seigneur franc se présenta comme champion de la reine, lutta en champ clos contre le calomniateur et le terrassa. Sortie blanche comme neige de cette première épreuve, la reine se remit à la tête du royaume et appela son défenseur auprès d'elle en le nommant son chevalier. Les mauvais conseillers ne se tinrent pas pour battus. Ils firent si bien que Charles le Gros, retombé sous leur influence, accusa la reine et son chevalier d'une passion criminelle. Richardis, poussée à bout, eut recours à l'épreuve du feu plus encore pour sauver la vie de celui qui l'aimait sans reproche que pour se justifier. Après avoir traversé victorieusement les flammes, elle renonça à la fois au trône et au monde. Et, s'adressant à son chevalier, elle le pria de lui chercher une retraite dans les Vosges, la plus sauvage qu'il pût trouver. Le chevalier se mit en route vers les montagnes. Il entra sous les forêts épaisses, qui retentissaient alors du mugissement des aurochs et des loups. Harassé de fatigue, il s'arrêta enfin dans une vallée perdue où un ours buvait, avec ses petits, près d'un torrent. « Voilà, pensa-t-il, une solitude assez profonde pour ma reine ! » C'est là, dans le val d'Andlau, que Richardis fit bâtir sa retraite ; c'est là que s'élevèrent plus tard l'église et l'abbaye d'Andlau. Le chevalier devint le protecteur du couvent. Ce fut l'ancêtre des seigneurs d'Andlau, qui ont pour armes une croix rouge sur champ d'or, surmontée d'un heaume et d'un diadème. Le souvenir de cette tradition a été consacré par la gracieuse statue qui surmonte la fontaine d'Andlau et qui montre un ours humblement réfugié aux pieds de la reine des Francs[7].

C'est ainsi que le peuple a transformé l'ascétique légende dans l'élan naïf de son cœur. Il a mis le chevalier à la place de l'évêque, et, sans le savoir, il a rêvé l'amour là où l'esprit monacal n'a vu que le renoncement à la vie : beau rêve qui s'est desséché comme une rose parfumée entre deux feuillets de la chronique poudreuse et jaunie. Le chevalier est resté sans nom comme sans physionomie. Il ne nous apparaît que comme les combattans des tournois, reconnaissables seulement à leur vaillance et à leurs bons coups. Ceci nous amène à quelques réflexions générales sur les destinées du sentiment chevaleresque. La grande révolution qui s'accomplit dans la conception de l'amour par la chevalerie n'a trouvé qu'une expression imparfaite et rapetissée dans la littérature. La chevalerie a imaginé le culte de la passion uni aux raffinemens mystiques le l'âme et de la pensée ; elle a cru à la vertu s'engendrant dans le cœur par l'enthousiasme de la beauté ; elle a rêvé la femme capable d'inspirer volontairement un tel amour. La légende de Richardis nous montre ce sentiment dans sa chasteté et son intensité primitives. Mais l'arbre a fleuri trop vite sans produire son fruit. Le moyen âge a conçu un idéal qu'il n'a pas su rendre poétiquement. Le type du chevalier primitif s'est affadi dans les mièvreries des troubadours, dans les longueurs assommantes des trouvères, pour tomber sous la risée des fabliaux. La chevalerie est morte, mais le sentiment chevaleresque a survécu, il a pénétré dans la conscience moderne. À mesure que la femme s'ennoblira, il renaîtra sous des formes inattendues. Le plus beau rôle est réservé à la femme dans la société. Ridicule et déplaisante lorsqu'elle singe le sexe masculin et se départ du charme discret qui, dès les temps de la Grèce, faisait son plus bel attribut, elle se grandira au rôle d'inspiratrice lorsqu'elle sera fidèle à ses qualités supérieures. À cet égard, il nous est permis d'espérer pour l'avenir en songeant à notre passé. La France a produit trois femmes comme Héloïse, Jeanne d'Arc et M$^{me}$ Roland, héroïnes de l'amour, de la patrie et de la liberté. Qu'il en renaisse de pareilles, et, malgré le scepticisme de notre temps, les chevaliers ne leur manqueront pas. Qu'il nous soit permis, en attendant, de rendre hommage à Richardis, la noble reine des Francs, qui, debout là-bas sur sa fontaine, semble songer dans son exil « au doux pays de France. »

## IV.

De la tour d'Andlau, où nous sommes placés, regardez cette pointe verticale qui raie au loin la plaine du Rhin. C'est la flèche de Strasbourg. La vieille cathédrale nous appelle, car elle aussi a sa légende étroitement liée à l'histoire de l'ancienne ville libre du moyen âge.

Peut-être faut-il avoir grandi à l'ombre du colossal édifice pour se rendre compte de l'énorme morceau de passé qu'il contient et qui s'est pétrifié dans sa masse. Il faut avoir vu des générations innombrables de pigeons nicher sur l'épaule des vierges sages et des vierges folles, sous les voussures des portails ; il faut s'être extasié, enfant encore, devant l'horloge merveilleuse de Schwilgué, avec ses apôtres qui défilent devant le Christ et son coq qui chante à midi ; il faut avoir connu, comme des personnages de pierre, ces statues d'empereurs et de rois qui s'étagent dans les airs, et avoir appris plus tard qu'ils ont existé en chair et en os ; il faut avoir erré sur la toiture, parmi les animaux fantastiques des gargouilles et les anges des pinacles, puis plongé tout à coup le regard par une lucarne dans l'intérieur de la nef sombre où flamboie la grande rose ; il faut avoir plané sur l'Alsace, à la hauteur vertigineuse des quatre tourelles, pendant que la tour vibre aux coups formidables de la cloche, et puis s'être endormi le soir au son de cette même cloche mélancolique et patriarcale ; il faut avoir fait toutes ces choses-là pour comprendre que cette cathédrale est à la fois un monde et une symbolique, un peuple et une personne.

De toutes parts elle domine les toits pointus et serrés de la ville de sa puissante ossature, de sa tour prodigieuse qui réduit à l'état de naines les autres églises. Les siècles qui l'ont élevée y ont laissé l'empreinte de trois ou quatre styles différens, depuis la crypte de Charlemagne à travers les arcades byzantines du transept méridional jusqu'au gothique surchargé du transept du nord. Le chef-d'œuvre, c'est la façade du XIIIe siècle, une des merveilles de l'art ogival. Lorsqu'on débouche de la place Gutenberg, elle vous écrase de sa hauteur, vous éblouit de sa gigantesque floraison. Pour bien saisir le caractère de cette page grandiose d'architecture, il suffit de la comparer à la façade de Notre-Dame de Paris. L'église de la monarchie française est le chef-d'œuvre de l'élégance et de la sobriété. Les trois étages se superposent coupés par les bandes longitudinales. C'est l'harmonie, la sagesse parfaite ; mais peu d'élan, peu de mouvement ascensionnel. Regardez au contraire la façade de la cathédrale de Strasbourg par un beau soir d'été, quand le soleil couchant chauffe les tons rouges du grès bruni. Entre les trois forts piliers qui, d'un seul jet, gagnent la plate-forme, la dentelle transparente de pierre étale une végétation immense. Quelle force d'arborescence et d'ascension ! La poussée des trois portails, l'élan des pilastres entraîne les chapiteaux, les tabernacles et des milliers de lancettes. Ogives sur ogives, colonnes sur colonnes, tout monte, tout flambe, tout fleurit ; au centre, s'étale la rose, cœur ardent de cette forêt de pierres ; au sommet, la flèche s'élance comme un lis.

L'intérieur est particulièrement sombre et mystérieux. On distingue vaguement dans la pénombre les grandes colonnes finement cannelées qui montent en croisant leurs nervures sous la voûte. Ce qui triomphe ici, c'est la peinture sur verre. Elle transfigure la cathédrale en ciel chrétien. Les larges baies à vitraux peints sont autant d'yeux qui regardent dans l'autre monde. Ou plutôt, c'est par ces ouvertures que le monde surnaturel darde dans le sanctuaire ses visions d'azur et de feu. Peu de cathédrales rendent aussi largement le vaste symbolisme de l'église catholique. L'histoire sainte et l'histoire profane, celle-ci sous forme de monarques, debout dans les lancéoles, se déroulent sur les ogives des nefs latérales. Plus haut, au-dessus de la claire-voie de la grande nef brillent les vertus théologales, les martyrs, les saints, les vierges armées de lances et de flambeaux. C'est l'église triomphante au-dessus de l'église militante. Enfin, la grande rose de la façade rayonne à l'intérieur de toutes les couleurs de l'arc-en-ciel ; c'est la rose mystique, symbole de l'éternité.

Nous ne savons plus aujourd'hui les efforts qu'a coûtés l'achèvement de cet édifice ; tout le pays y travailla pendant des siècles, La tradition a conservé le souvenir de l'année 1275, où l'évêque Conrad de Lichtenberg fit commencer la grande façade. Il obtint l'argent et les travailleurs à force d'indulgences. Avec un denier dans la caisse de Notre-Dame ou un bloc de pierre pour la cathédrale, on obtenait le pardon de tous les péchés. Aussi, comme on accourait ! Ceux qui n'avaient rien offraient leurs bras, se précipitaient à la corvée ; c'était un délire, une furie de travail. Pendant des années la presse des chariots, traînant des pierres de taille depuis les carrières de Wasselonne au faubourg de pierre, ne discontinua pas. Sur le chantier de construction, les prédications fanatiques se mêlaient au grincement des poulies, au hennissement des chevaux. Des milliers de poitrines se ruaient, criaient et râlaient sous le poids de la pierre. Mais le dôme grandissait et l'évêque pouvait le comparer « à une fleur de mai qui monte au ciel toujours plus haute et plus florissante. »

Que sont-ils devenus, les tailleurs de pierre, apprentis, compagnons, appareilleurs, les maîtres nombreux qui ont travaillé à la grande merveille ? Il ne nous reste que les statuts de leur corporation dont la hiérarchie et le symbolisme ont servi de cadre aux francs-maçons. Leurs haines, leurs rivalités se sont fondues dans le vaste édifice où les démons sont terrassés par les anges. Ce peuple d'architectes et de sculpteurs ne nous a légué que son épopée de pierre. Si nous demandions à savoir quelque chose de leur vie, de leur destinée, de leurs passions, ils répondraient tous ces mots qu'on lit sur une pierre tombale du dôme : « Si tu demandes qui je suis, je te réponds : Ombre et poussière. » Quelques noms surnagent, mais ce ne sont guère que des noms. La légende les a tous confondus dans cette poussière des siècles où dorment tant de gloires éphémères, pour ne se souvenir que du maître qui a conçu « la glorieuse façade » et honorer en lui la pensée maîtresse de l'œuvre. Selon la légende de Cologne, la cathédrale de cette ville fut construite avec l'aide du diable, que l'architecte rusé frustra ensuite de son salaire. Celle de Strasbourg nous montre maître Ervin tenant ses plans devant lui et contemplant sa façade inachevée. L'esprit du mal vient le tenter et lui offre de tout finir en un clin d'œil. Ervin refuse et, confiant en Dieu, en appelle à la postérité. Aussitôt l'ange du Seigneur apparaît ; à son signe, la cathédrale s'achève et lance au ciel sa flèche aérienne. La légende du pays a célébré dans maître Ervin l'artiste d'inspiration téméraire et de calcul profond. En lui se personnifie ce génie maçonnique qui travaille courageusement à l'interminable *grand œuvre* et qui, sans en voir la fin, se fie à la justice divine.

On ne peut parler d'Ervin sans dire un mot de sa fille légendaire, Sabine. Une tradition récente lui attribue les plus belles statues et la colonne des anges qui ornent le dehors et le dedans du transept méridional. Regardez par exemple les deux sveltes figures qui ornent l'entrée du portail roman ; l'une représente l'ancienne et l'autre la nouvelle alliance ; la première tient un labarum brisé et baisse tristement la tête. On dirait vraiment qu'une main de femme a sculpté cette vivace image d'une mélancolie incisive. Mais il nous vient la réflexion que le portail et les statues sont d'un style antérieur à celui de la façade, que par suite, la sculptrice n'a pu être la fille d'Ervin. — Il paraîtrait que la légende de Sabine est née d'une inscription trouvée au socle d'une statue aujourd'hui détruite. On y lisait ces mots : *Gratia divinæ pietatis adesto Savinæ, de petra dura per quam sum facta figura*, ce qui veut dire : Que la grâce et la miséricorde de Dieu soient avec Sabine, par laquelle de pierre dure je fus faite statue. On a conclu de là à l'existence d'une sculptrice de ce nom, et comme la sculpture est fille de l'architecture, on lui a donné Ervin pour père. — Il n'est pas plus difficile que cela de démolir une légende. Non contens de ce triomphe, ces terribles savans ont observé que le nom de Sabine pouvait désigner la donatrice aussi bien que le statuaire ; et voilà Sabine qui s'évanouit tout à coup et rentre comme une ombre vaine dans la pierre d'où elle était sortie. Heureusement que la légende n'écoute pas les savans. Elle a ses raisons de croire, ses documens à elle, sa logique propre. On a fait sur Sabine toutes sortes de romans qui ne font que défigurer la simple et profonde conception du peuple. L'âme alsacienne a rêvé la vierge laborieuse, infatigable, absorbée dans son monde de pierre et rendant le dernier soupir au pied des statues auxquelles elle avait donné le meilleur de son âme et de sa vie. Nulle part peut-être, elle ne s'est mieux peinte elle-même. L'Alsace n'a ni le génie brillant de la France, ni la subtilité métaphysique de la race qui a produit Hegel et Schiller ; mais le génie plastique, la force et la persévérance au travail, une ténacité qui va jusqu'à la passion, une fidélité à toute épreuve aux affections de l'âme et à l'idéal une fois embrassé. Voilà pourquoi l'ombre charmante et fière qu'un coup de ciseau a fait sortir de la pierre ne mourra point. Elle s'est promenée dans toutes les imaginations et sa statue s'élève maintenant devant le portail du sud. N'essayez pas de nous persuader que la colonne des anges n'est pas de la fille d'Ervin. Bien des filles d'Alsace se sont reconnues dans Sabine qui a travaillé et qui a cru sans laisser faillir son espérance. Elle vit et vivra autant que le dôme.

Il est temps de jeter un regard sur la vieille cité qui se serre autour de la cathédrale et de rappeler les épisodes les plus caractéristiques de son histoire. On sait que Strasbourg fut dès les temps reculés une des villes libres les plus puissantes et les plus jalouses de sa liberté. La charte de commune de l'an 980 porte en tête ces mots : « Argentine a été fondée dans cette vue d'honneur que tout homme, tant étranger qu'indigène, y trouve la paix en tout temps et contre tous. » Ce principe d'indépendance est resté à travers les siècles l'esprit même de la cité. Mais, pour le maintenir, il fallut plus d'une guerre avec les princes d'Allemagne et de Bourgogne, avec les seigneurs et principicules d'Alsace, qui, du fond de leurs repaires des Vosges, jalousaient sa prospérité. La plus éclatante de ces victoires est celle que Strasbourg remporta en 1262 contre le seigneur de Geroldseck et qui marque la plénitude de son affranchissement municipal. Jusqu'alors la ville avait vécu sous la protection de ses évêques, cherchant dans leur caractère religieux un gage de douceur et d'équité. Il se trouva qu'un jour l'évêque fut un hobereau de race, et la lutte s'engagea.

Walter de Geroldseck était un jeune seigneur hautain et despote, d'un orgueil sans frein. À peine sacré par l'archevêque de Mayence, il fit son entrée triomphale dans la ville. Ce n'était plus un évêque prenant possession de son diocèse, mais un souverain entrant dans sa capitale. Devant lui marchaient des hérauts d'armes qui portaient sur leur poitrine les armes de Geroldseck écartelées de celles de la ville, ce qui blessa au vif les habitans. Puis s'avançait l'évêque sur un magnifique cheval blanc, laissant voir son armure de chevalier sous le long manteau épiscopal. Derrière lui chevauchait toute la noblesse d'Alsace, chaque seigneur ayant derrière lui un écuyer et un page portant son pennon. Depuis Charlemagne, on n'avait vu pareille pompe. Installé à l'hôtel de ville, Walter voulut établir de nouveaux droits de péage et frapper les bourgeois d'impôts. Les magistrats lui représentèrent vainement que cela était contraire aux us et coutumes de Strasbourg. Il menaça la ville de l'interdit. Quand les magistrats transmirent cette nouvelle au peuple en assemblée publique, un seul cri s'éleva : « À l'arsenal ! » Les bourgeois prennent les armes, les corporations se forment en milices, les femmes sonnent le tocsin. Au nom de ses libertés, au nom de ses lois, tout le peuple de Strasbourg est debout et déclare qu'il n'acceptera pas un tel maître. L'évêque fut forcé de quitter la ville. Une fois revenu dans son château, Walter lança l'interdit sur Strasbourg, et changeant sa mitre contre un casque, il appela toute la noblesse d'Alsace contre les bourgeois révoltés. La guerre se termina par la mémorable bataille d'Hausbergen, où une armée de tonneliers, de forgerons, de tanneurs et de charpentiers, mit en fuite les chevaliers bardés de fer de l'évêque. On amena dans la ville les prisonniers, les mains liées au dos avec les cordes qu'ils avaient attachées le matin à la salle de leurs chevaux « pour pendre, disaient-ils, les manans de Strasbourg. » Walter, qui combattit au premier rang, eut trois chevaux tués sous lui et mourut de chagrin après sa défaite. C'est ainsi que Strasbourg conquit sa liberté.

Les sentimens d'honneur, d'indépendance et de fraternité, qui se développèrent dans la petite république de Strasbourg, grâce à sa constitution modèle et à la sagesse de ses magistrats, ont donné lieu à plus d'un trait original. Le plus célèbre est le fameux voyage des Zurichois en 1576. La ville de Zurich, pour prouver son amitié à sa féale amie la ville de Strasbourg lui promit un cadeau d'une espèce nouvelle. On fréta une barque où s'installèrent les premiers magistrats de la ville, et faisant force de rames on gagna Strasbourg en un jour par la Limmatt et le Rhin. Quand les Zurichois débarquèrent sur le quai, ils montrèrent aux Strasbourgeois étonnés ce qu'ils venaient d'apporter : une marmite où fumait une soupe encore bouillante. Idée singulière assurément et quelque peu bourgeoise. Quoi ! un voyage pour une soupe ? Cinquante lieues pour une bouillie de mil ? Mais on cesse de rire en relisant les paroles historiques dont le vieux magistrat accompagna ce présent patriarcal : « Ceci, dit-il, n'est qu'un symbole. Si jamais, ce qu'à Dieu ne plaise, Strasbourg se trouvait dans la détresse, les Zurichois voleront à son secours avant qu'un plat de mil ait pu se refroidir[8]. »

Qui l'eût dit alors que ces paroles devaient se vérifier trois siècles plus tard et que cette scène joyeuse trouverait une tragique répétition ? Tout le monde se rappelle en Alsace que, pendant le siège de Strasbourg par l'armée allemande en 1870, une députation de la Suisse, conduite par les envoyés de Zurich, pénétra dans la ville et fit cesser un instant la grêle des obus pour porter aide et secours aux assiégés. Les Zurichois ne pouvaient sauver la ville sœur de l'étreinte implacable de la Prusse, ils purent du moins panser quelques blessures et lui apporter ce qu'elle demandait avant tout : des nouvelles de la France ! Hélas ! elles étaient lugubres. La grande nouvelle encore inconnue des assiégés portait le nom fatal de Sedan. Elle frappa l'Alsace au cœur, mais elle ne put la faire douter de sa patrie. Si jamais elle a senti puissamment le lien moral qui l'attache à la France, c'est dans ces jours de désastre. Le malheur partagé est-il pour les peuples comme pour les individus un lien plus fort que la joie ? On le dirait. Car c'est alors et depuis, que l'Alsace n'a cessé d'envoyer à la France les gages de son inviolable fidélité. La Suisse a compris ces sentimens et confirmé l'amitié des vieux jours par sa profonde sympathie. L'Alsace française ne l'oubliera pas.

Puisque nous voilà ramenés aux jours récens, comment prendre congé de la cathédrale sans rappeler les épisodes du siège, qui déjà font partie de sa légende ? L'histoire contemporaine prend ici une couleur fantastique. Voici comment un militaire français, le capitaine de vaisseau Dupetit-Thouars, raconte la première nuit du bombardement. « Le soir du 18 août, je m'étais rendu comme de coutume au Contades ; la nuit se faisait sombre et nous attendions, l'œil ouvert sur ces immenses masses de verdure. Tout à coup l'horizon s'illumina et une grêle de projectiles passant par-dessus nos têtes alla s'abattre sur la ville. Il en pleuvait de tous les côtés, et la distance des batteries était telle qu'on ne voyait que la lueur du coup et qu'il fallait prendre une montre à secondes pour se rendre compte qu'elles étaient à environ 3 000 mètres. Au silence qui régnait succéda une immense rumeur qui venait de la ville plongée encore dans l'obscurité ; puis des lueurs parurent, puis des flammes s'élevèrent de tous côtés, puis la flèche de la cathédrale, reflétant ces teintes fantastiques commença à flamboyer et au-dessus du fracas de l'artillerie, du crépitement de l'incendie, des voix qui s'appelaient, on entendit la note aiguë des enfans qui dominait tout le reste. Pour obtenir une capitulation et dans l'espoir de provoquer une pression de la population sur le commandant, les Allemands avaient commencé, selon leur propre expression, « la danse sanglante. » On sait comment les Strasbourgeois répondirent à cette invitation gracieuse. Écoutons maintenant comment un officier prussien décrivait huit jours plus tard l'aspect qu'offrait du dehors le bombardement parvenu à son apogée de splendeur : « De longues rues flamboyaient d'un bout à l'autre ; leur rouge clarté illuminait tout le ciel. Je me trouvais dans une batterie près du village d'Hausbergen. Les obus avec leurs mèches traversaient l'air comme des comètes ; les bombes, répandant autour d'elles une lueur assez vive, décrivaient de grands arcs de cercle, puis tombaient lourdement sur le pavé et sur les toitures. Toutes les batteries prussiennes et badoises dressées autour de la ville tonnaient à la fois, et le fracas était si horrible que la terre tremblait positivement sous nos pieds. De tous les remparts on répondait énergiquement à notre feu ; une couronne d'éclairs environnait Strasbourg. Au point de vue purement militaire, c'était une nuit extrêmement intéressante... Quant au but spécial du siège, ce bombardement ne nous servit en aucune manière à l'atteindre, comme la suite des événemens le démontra[9]. »

Voilà deux documens historiques sur ces nuits légendaires. Ce ne fut pas tout. Une nuit, on entendit cette clameur sinistre : « La cathédrale brûle ! » En effet, la toiture de la nef était en feu et la flamme léchait avec furie la base de la tour sans pouvoir l'entamer. À cette vue, qui ne se serait souvenu de la vieille légende ? La nuit de la Saint-Jean, disait-on autrefois, dans les longues veillées d'hiver, les vieux artistes qui ont bâti la cathédrale se remuent sous leurs dalles. Alors sortent de leurs tombeaux les maîtres architectes, tenant en main le compas et le bâton magistral, puis les bons tailleurs de pierre portant le cordeau à la main, puis les sculpteurs et les peintres-verriers. Tous se rencontrent sous la nef, se saluent d'un air de connaissance et se secouent la main. Ils s'agitent et chuchotent comme des milliers de feuilles qui se frôlent. Par les escaliers, les galeries, l'immense procession se répand et monte vers la tour. Une vierge en robe blanche, le ciseau dans sa main gauche, le marteau dans sa droite, marche en tête. C'est Sabine la sculptrice. On la voit s'élever jusqu'à la pointe de la flèche et flotter autour dans la lumière argentée de la lune. Au coup d'une heure, ce peuple d'ombres se dissipe comme un essaim de feuilles sous un coup de vent. — Ah ! vieilles ombres oubliées, artistes naïfs et enthousiastes, qu'eussiez-vous dit à la lueur de cet incendie, en voyant brûler votre vieille cathédrale sous les obus de Germania ? Que diriez-vous surtout si vous l'entendiez réclamer à grands cris les enfans de Strasbourg comme des frères ? — Pour tout Alsacien la réponse n'est pas douteuse. Vous diriez : — Nous sommes avec nos descendans !

## V.

Comment l'Alsace allemande du moyen âge est-elle devenue l'Alsace française de la révolution ? Nous risquerions de ne pas comprendre l'énergie profonde de ce phénomène, si nous nous ne rendions pas compte de l'évolution intime qui l'a précédé. C'est l'âge de la réformation, c'est l'Alsace du XVIe siècle qui nous en donne la clé. Le feu souterrain qui a rendu possible l'explosion de 1789, et par suite la fusion ardente avec la France, commence à couver alors.

Un coup d'œil rapide à cette époque nous suffira ; et nous ne quitterons pas la main conductrice de la légende, qui fréquente également les sommets déserts et les villes populeuses, les grandes routes et les sentiers défendus. Dans cet âge tourmenté du XVIe siècle, elle évoque trois types nouveaux qui nous font passer brusquement des grandes lignes de l'art idéaliste aux formes convulsées du réalisme moderne. Ces trois types sont : le paysan révolté, la sorcière et le libre prédicant.

Tant que la féodalité avait été défensive ou conquérante, elle avait élevé les âmes, donné un moule nouveau à la société. Mais les institutions humaines perdent bien vite de vue leur idéal pour se corrompre sous l'action des passions. Le beau temps de la chevalerie était passé. Le tableau que nous offre la vie des seigneurs allemands, à la fin du xvᵉ siècle, est comme presque partout celui d'une sensualité effrénée dans une tyrannie sans miséricorde. Leur vie se passait en tournois, en banquets, en jeux de carnaval et en mascarades. Lorsqu'ils étaient las de leurs chasses, ils cherchaient querelle à leurs voisins. Pour payer leurs fous et leurs femmes, ils se faisaient faux monnayeurs, brigands. Les châteaux des Vosges, ces repaires imprenables, regorgeaient de chanteurs et de courtisanes. Nuit et jour on y entendait le son des fifres et les clameurs des fauconniers. Comme dit un contemporain, « chaque journée ivre envoyait sa fête et sa huée dans l'autre. » Et qui payait ce train ? Le pauvre serf, le malheureux paysan. Chétif et misérable, écrasé d'impôts, il agonisait sur la glèbe pendant que l'enfer hurlait sur la montagne. Pour lui prendre son dernier sou, on le traquait avec des chiens comme une bête fauve, on tombait à coups de fouet sur son des amaigri. Les supplices contre les braconniers étaient terribles. Dans une oubliette on a trouvé un squelette humain entre des cornes de cerf et des défenses de sanglier. Quelquefois on laissait le prisonnier mourir de faim et de soif dans son cachot. La femme du paysan qui venait errer la nuit autour du donjon entendait le dernier râle du mourant s'exhaler dans une exécration contre ses bourreaux.

Contre un tel état de choses une ligue secrète se forma, dès le xvᵉ siècle, en Wurtemberg, et bientôt elle s'étendit dans les pays environnans. C'était une véritable jurande de paysans, qui s'intitulait *la confrérie du pauvre Conrad*. On se réunissait la nuit dans les bois. La confrérie avait son cérémonial, d'une ironie mélancolique et bizarre. Le chef admettait les affiliés par une poignée de main et leur offrait en partage les biens que possédait la confrérie *dans la lune*, des champs et des vignobles dans la forêt de la *grande manquance*, une retraite sur le *mont de famine*, un banquet au val des mendians et un bail au château de *Nullepart*. Ils avaient un drapeau caché, où l'on voyait, sur fond bleu, le pauvre Conrad à genoux devant un crucifix. En 1514, l'impôt capital fut établi sur les victuailles. Le chef du Pauvre Conrad tint une assemblée dans un champ ; il fit un cercle avec une pelle, puis il dit : « Je m'appelle, je suis et je reste le pauvre Conrad. Que celui qui ne veut pas donner le méchant denier entre avec moi dans le cercle. » Bientôt ils promenèrent leurs drapeaux dans les villes et allèrent porter leur requête aux seigneurs. Ceux-ci, pour dissoudre la ligue, usèrent de la menace et des tortures. Rien n'y fit. Les idées évangéliques et réformatrices donnèrent un singulier courage au pauvre Conrad ; car il avait entendu dire aux prédicateurs que les enfans d'un même père ne pouvaient être esclaves les uns des autres, et ce prêche il l'avait mieux compris que le latin de l'église. Il rédigea douze articles, dont le premier réclamait l'abolition du servage. Les seigneurs refusèrent. Alors la révolte éclata générale et formidable. Le pauvre Conrad avait trouvé son symbole : un soulier de paysan. Ce soulier, hissé au bout d'une perche, devint le signe de la guerre au seigneur. Le serf, devenu homme, s'écriait : « Un soulier pour échapper à la glèbe ; un soulier pour aller au bout du monde ; plus de charrue, une cuirasse ; plus de chaînes, une épée ! » Bientôt les couvens, les châteaux, les églises fumèrent. En Alsace, ce vaste soulèvement finit par le massacre de tous les révoltés. Mais la mémoire du peuple n'oublia pas l'image héroïque de ce paysan qui avait écrit sur sa bannière : « Que celui qui veut être libre suive ce rayon de soleil ! »

Si le Pauvre Conrad fut la révolte contre le seigneur, la sorcière fut la révolte contre le prêtre. L'église avait été hautement civilisatrice tant qu'elle avait combattu la barbarie par la charité et la foi spiritualiste. Elle était devenue oppressive depuis qu'elle ne songeait plus qu'à régner en refoulant la raison et la nature, au lieu de faire régner les vertus chrétiennes. Elle avait conquis le monde par la douceur et l'abnégation ; au XVIe siècle, elle ne gouvernait plus que par la corruption et la terreur. Pour mieux effrayer, elle grandissait Satan et diminuait Dieu. La sorcière qui se jette dans les bras de Satan est ainsi l'œuvre de l'église elle-même. C'est le réveil féroce des deux instincts d'Ève : sensualité et curiosité, que l'homme peut discipliner, mais non supprimer. Les représentans de l'église d'alors se réservaient les jouissances de la chair et de l'esprit, qu'ils refusaient à leurs ouailles. Ils avaient confisqué la clé de ce monde et de l'autre. De là la sorcière effrénée qui court au sabbat, maudit Dieu et se vend au diable. Dans le duel horrible qui s'engage entre l'inquisiteur et la sorcière torturée, très souvent la victoire demeure à celle-ci, lorsqu'elle refuse de renier Satan son maître et proclame jusque dans les flammes les délices de l'enfer.

L'Alsace a été particulièrement féconde en bûchers de sorcières, et le souvenir des orgies du sabbat est resté attaché à un grand nombre de montagnes. Outre la tradition populaire, les actes des innombrables procès de sorcellerie racontent les fiançailles et les noces avec le diable, les chevauchées à travers l'air, sur des balais, des fourches et des fagots d'épines, les hideurs de la messe noire et les frénésies de la danse infernale. Ici, comme ailleurs, dans toute cette fantasmagorie, il est impossible de distinguer l'hallucination de la réalité. Mais il est un témoignage que nous pouvons rendre aux sorcières alsaciennes sans crainte de nous compromettre, c'est celui d'une fermeté particulière dans la torture et d'une fidélité remarquable à maître Satan. Ne leur en voulons pas trop : les natures énergiques sont persévérantes dans le mal comme dans le bien. À ceux qui voudraient tirer de ce fait des conclusions fâcheuses pour le caractère alsacien, nous répondrions par ce mot de La Rochefoucauld : « On n'est pas vraiment bon quand on n'a pas la force d'être méchant. »

Ni le pauvre paysan, ni la malheureuse sorcière ne pouvaient créer un ordre de choses nouveau. Quelque juste que fût la révolte, leur protestation n'était que celle de la violence et de l'instinct déchaînés. La seule qui pouvait réussir était celle de la conscience, car c'est de ce foyer lumineux que partent tous les mouvemens qui changent la face de l'humanité. La réformation fut un de ceux-là. Le principe de la réforme est celui du christianisme lui-même ; il est aussi vieux que l'église, et nous retrouverions ses analogues dans toutes les religions idéalistes. C'est toujours le retour de l'extérieur à l'intérieur, des œuvres mortes à la foi vivante, de la tyrannie du formalisme à la liberté du sentiment, de l'évangile éphémère de la lettre à l'évangile éternel de l'esprit. Joachim del Fiore répond à saint Paul et Luther à Jean Huss. Tous ils en appellent des prêtres au Christ. Le mot le plus hardi de Luther est celui-ci : « L'homme chrétien est libre ; tous les chrétiens sont prêtres et de race royale. Tous ont le droit et le devoir de travailler au bien commun. » Ce mot dépasse de beaucoup son œuvre. Grand caractère, esprit limité et homme pratique, il eut l'étroitesse nécessaire pour fonder une nouvelle église. Mais l'esprit déchaîné souffla comme un ouragan. L'Allemagne se remplit de sectes de toute sorte, d'illuminés qui se vantaient de révélations immédiates, de ravissemens et de visions. Des enfans et des femmes prophétisaient au milieu des convulsions et des gestes extatiques, quelques-uns d'entre eux avaient un don étrange de divination. Luther, inquiet, les entreprend, les prêche, les somme de faire un miracle. Ceux-ci lui répondent : « Comme preuve de notre mission divine, nous te dirons ce que tu penses en ce moment. Tu ressens pour nous un invincible attrait, et ta sympathie est si forte que tu es prêt à nous donner raison. » La chose était si vraie, et Luther en fut si effrayé, qu'il déclara ces gens possédés de démons et de forces sataniques. Mais les idées allaient leur train, et la réforme se prêchait sur tous les modes. À cette époque, les libres prédicans apparaissent en Alsace. Ils appartiennent à toutes les classes : moines défroqués, savans fatigués de leur latin, nobles et roturiers. Ces inspirés vont de lieu en lieu, de pays en pays, comme des apôtres, prêchant en plein air, sous le grand tilleul, à la lisière du bois. Il faut nous figurer un de ces frères, debout sur un tronc d'arbre, au milieu de la lande, l'œil enflammé, le geste hardi, sa robe couverte de la poussière des chemins. Autour de lui, une foule de paysans agitée d'idées apocalyptiques, des joues pâles et des yeux étincelans. Les uns sont si habitués à l'esclavage qu'ils n'écoutent que courbés ; les autres, poings fermés, figures musculeuses pleines d'audace. Le frère prêche l'évangile et l'avènement de la justice. Il dit : « Je veux, avec l'excellent combattant du Christ Jean Huss, remplir les claires trompettes d'un chant nouveau... » Ces sermons finirent dans le sang des paysans. Mais la trompette avait sonné. Deux siècles après, un autre coup de trompe sonnera de l'autre côté des Vosges. Et cette fois toute l'Alsace l'entendra.

## VI.

Si, prenant la révolution française à ses débuts, dans ses représentans les plus désintéressés, si pénétrant sous la surface trompeuse des passions, un magicien de la pensée pouvait faire parler l'âme même de la nation française en 1789 et lui demander ce qu'elle a aimé, ce qu'elle a voulu, ce qu'elle a cru dans cette grande affirmation, elle lui répondrait sans doute : « La patrie par la justice et l'humanité par la patrie. » Les rois ont fait la France, et, pendant mille ans, l'idée de patrie s'identifia avec celle de la royauté. Le grand changement apporté dans la conscience nationale par le XVIII<sup>e</sup> siècle fut que l'idée de patrie s'identifia, non plus avec la personne du souverain, mais avec un ensemble de principes, avec un idéal de justice et de liberté. Si, consultant la conscience alsacienne, nous nous demandons ce qui l'a rendue assez française pour opposer, depuis 1870, une protestation absolue à la conquête allemande, nous dirons que c'est cette idée nouvelle de la patrie qui a pénétré dans la moelle de ses os. Joignons-y le sentiment chevaleresque de la nation, qui, héritière des anciens preux, a toujours pris en main la cause des faibles et des opprimés avec une imprudence dangereuse et une générosité héroïque, — et nous aurons défini en peu de mots le lien indissoluble qui unit l'âme alsacienne à l'âme française.

Les passions et les intérêts gouvernent le monde à l'état ordinaire ; aux grandes heures de l'histoire, les idées et les sentimens prennent le dessus et poussent irrésistiblement les hommes vers un but supérieur. La France eut une de ces heures lorsque, après la prise de la Bastille, le grand mouvement des fédérations souleva la nation dans ses profondeurs. C'est l'heure de l'innocence et de l'illusion, du rêve fraternel. Illusion féconde cependant, car elle créa une patrie pour tous. Dans les pays féodaux, l'homme se sentait attaché comme la glèbe au sillon natal ; il était la propriété du château ou de l'église, le prisonnier de sa ville, de sa province. Soudain il lève la tête, et, derrière les murs croulans de la Bastille, pour la première fois, il aperçoit la France. Alors l'homme donne la main à l'homme, la province à la province. Partout, hors des villes, au bord des fleuves, à ciel ouvert, des foules couronnées de fleurs, en longues processions, vont saluer cette France sur des autels de gazon. À ce moment trop court, toutes les classes sont unies dans un même sentiment. Plus de province, la patrie ! c'est le cri du Dauphiné. Il va de Bretagne en Languedoc et du Rhône au Rhin. L'Alsace y répondit avec enthousiasme, et sa réponse prouva que, dans les temps modernes, la nationalité est une chose de libre choix, un instinct moral au-dessus de la fatalité de la langue et des mœurs. Comme toutes les provinces, l'Alsace eut à souffrir de la tempête révolutionnaire, mais elle en sortit aussi passionnément française qu'aucune province de l'Est et du Nord. Parmi les faits de ce temps, qui ont laissé un écho légendaire dans la mémoire des Alsaciens, il faut placer tout d'abord la naissance de *la Marseillaise*, ce premier coup de clairon de la défense nationale à la veille des guerres épiques qui durèrent plus de vingt ans. Cet épisode, popularisé par les historiens de la révolution, est connu de tous. Nous n'en rappellerons que les traits essentiels.

Au printemps de l'année 1792, l'Alsace se trouvait en état de défense sous les ordres du maréchal Luckner. La guerre avec l'Autriche était imminente. L'effervescence patriotique était grande à Strasbourg. Des bataillons de volontaires s'y organisaient sous la direction du maire, Dietrich. Dietrich était un de ces magistrats loyaux, fermes, dévoués, dont l'histoire de Strasbourg offre de nombreux exemples. Amoureux des lettres et des sciences, patriote ardent, convive animé et brillant orateur, il offrait le type de l'homme accompli du XVIII$^e$ siècle. Son salon était le loyer du patriotisme alsacien. Le 24 avril, la guerre fut déclarée à l'Autriche. Dietrich offrit un banquet d'adieu aux volontaires, parmi lesquels se trouvait son fils aîné. Le lendemain, le bataillon de Strasbourg devait partir pour l'armée du Rhin. Les esprits étaient montés, la situation tendue. On avait le sentiment que, pour défendre la jeune liberté, on aurait contre soi toute la vieille Europe. Dietrich, après quelques paroles éloquentes adressées à ces jeunes gens, dont beaucoup n'avaient que quinze ou seize ans, exprima le regret qu'il n'y eût point un chant de guerre pour mener ces recrues au combat.

Rouget de l'Isle, jeune officier du génie, qui assistait au repas, était un gentilhomme du Jura. Sa physionomie, que nous connaissons par le médaillon de David d'Angers, avait plus de noblesse que d'énergie. Tout en lui annonçait une nature sérieuse et contenue. On le connaissait plutôt comme musicien que comme poète dans le salon des Dietrich, où il avait l'habitude d'accompagner sur le violon les filles du maire. Ce soir-là, excité par les paroles du patriote, frappé de la grandeur de la situation, chauffé par l'haleine brûlante d'une jeunesse exaltée, il rentra chez lui, et, d'un trait, composa l'air et les paroles de l'hymne auquel il doit l'immortalité. Lui-même n'a rien su nous dire de cette veillée, où il entendit la voix de la patrie s'élever dans son propre cœur et appeler tous ses enfans aux armes sous le tonnerre des canons ennemis. Chose frappante, dans tout le reste de sa vie, aucune parole, aucun acte ne le distingua de la foule. Mais, cette nuit-là, le génie d'une France nouvelle le prit pour clairon ; le souffle de toute une nation enfla sa poitrine ; les strophes enflammées en jaillirent avec cette mélodie superbe, au vol d'aigle, aux élancemens sublimes. Elle est restée célèbre la scène du lendemain, celle du poète déclamant et chantant pour la première fois son hymne à ses amis. Ce jour-là, il était transformé ; un dieu était en lui, eussent dit les anciens. La fille aînée de Dietrich accompagna. Rouget chanta. « À la première strophe, dit Lamartine, les visages pâlirent ; à la seconde, les larmes coulèrent ; aux dernières, le délire de l'enthousiasme éclata. La mère et les filles, le père et le jeune officier se jetèrent en pleurant dans les bras les uns des autres. L'hymne de la patrie était trouvé[10]. »

Étrange et lourde destinée de ce chant ! Ni Dietrich ni Rouget de l'Isle n'imaginaient tout ce à quoi servirait l'hymne improvisé dans le plus pur enthousiasme de la patrie, ni ce qu'ils allaient devenir eux-mêmes dans la tourmente de la révolution ! *Le Chant de l'armée du Rhin* (c'est ainsi que le poète le nomma et c'est sous ce titre qu'il parut) dut s'appeler *la Marseillaise*, parce que les Parisiens l'entendirent chanter d'abord par des Marseillais. Il était dirigé contre l'étranger ; mais, avant de mener à la victoire les volontaires de Valmy, de Jemmapes et de Fleurus, il devait retentir, le 10 août, à l'assaut des Tuileries. L'hymne de la défense nationale devint aussi l'hymne de la terreur. Il a eu la destinée des dieux, qui est d'être invoqué à la fois par la vertu et par le crime, de planer tour à tour dans la nue et d'être traîné dans la boue. Ô ironie des choses humaines ! deux ans plus tard, Rouget de l'Isle, accusé de royalisme, était poursuivi à travers les Alpes par des bandes qui lui chantaient sa *Marseillaise* en demandant sa tête. Quant à Dietrich, libéral, mais fidèle à la constitution qu'il avait jurée, il expia sur l'échafaud son courage et sa fermeté. Rappelons ses dernières paroles ; elles témoignent à la fois de la noblesse admirable de son caractère et de la grandeur de l'époque : « Si je péris, écrit-il à ses enfans, cette injustice vous accablera de douleur. Mais imitez votre père ; aimez toujours votre patrie. Vengez-moi en continuant à la défendre avec la plus intrépide bravoure. » Pour nous, souvenons-nous que, dans la pensée de son auteur et de ceux qui l'ont salué les premiers, *le Chant de l'armée du Rhin* fut l'hymne de la défense nationale. Lui donner un autre rôle, c'est l'avilir et le profaner. Odieux dans les guerres civiles, il n'a été noble et grand que dans la bouche de nos armées qui défendaient notre sol. Le jour où on pourra le chanter de nouveau dans la cité qui l'a vu naître, la république aura justifié les espérances de la patrie ; mais tant que la statue de Strasbourg portera un crêpe, *la Marseillaise* ne devrait retentir qu'au son d'un tambour voilé.

La légende de l'Alsace française est toute militaire. Elle se rattache à ces beaux types de jeunes généraux qui ont commandé tour à tour et combattu côte à côte dans l'armée du Rhin : Hoche, Marceau, Kléber, Desaix sont restés dans le souvenir des Alsaciens comme les incarnations de la patrie, les images vivantes de la France qui, dans cet âge terrible, mais héroïque, ravit son cœur et subjugua son âme. Gloires pures au ciel sanglant de la révolution, ces quatre figures n'ont fait que grandir dans la perspective de l'histoire. Elles ne perdent rien à être regardées de près. Bonaparte, en leur succédant, les a comme éclipsées et reculées à l'arrière-plan par sa légende prodigieuse, par ses exploits fulgurans. Il dompta la France et terrifia le monde ; l'histoire n'a pas encore effacé de sa pierre le point d'interrogation de Manzoni : *Fu vera gloria ? Ai posteri l'ardua sentenzia*. Les quatre héros auxquels nous ramène la légende de l'Alsace n'eurent point le génie universel, souverain du vainqueur d'Austerlitz et d'Iéna ; ils possédèrent en revanche des qualités qui furent toujours étrangères au despote : l'abnégation, la candeur superbe des âmes pures, une sorte de foi primordiale et naïve en la patrie, en un mot, l'enthousiasme.

Hoche, qui eut la gloire de reprendre les lignes de Wissembourg et de sauver l'Alsace en 1793, est le type du brillant capitaine, du soldat généreux. Sorti du peuple, nature active, infatigable, il dut faire lui-même son éducation. Il devina la grande guerre avant Napoléon et la mit en pratique. Avec cela, il eut le beau don de l'ardeur, de l'expansion. Nul mieux que lui ne savait communiquer le souffle, électriser les troupes. Il remonta des armées complètement désorganisées et les rendit capables de vaincre. À Frœschwiller, — car, chose triste à répéter, c'est là même où nous fûmes battus en 1870, que nous étions restés les maîtres en 1793, — il mit les canons autrichiens aux enchères et les offrit 150 livres pièce à ses soldats. « Adjugés ! » répondirent les grenadiers ; et les canons furent enlevés à la baïonnette. Quand Hoche parut en Alsace ce fut un éblouissement. « J'ai vu le nouveau général, écrit un officier, son regard est celui de l'aigle, fier et vaste ; il est fort comme le peuple, jeune comme la révolution. » On peut dire que les succès de Hoche viennent d'une grandeur et d'une égalité d'âme qui se soutiennent dans toutes les circonstances. Son langage a parfois la vulgarité soldatesque et l'emphase du temps. Mais il est impossible de découvrir en lui un sentiment qui ne soit pas noble et parfaitement élevé. Il ne sut ni haïr ses ennemis, ni envier ses rivaux. Il dédaigna de se venger de Saint-Just, qui avait voulu le perdre ; il salua Bonaparte avec enthousiasme, à cette première campagne d'Italie qui frappa le monde d'admiration, et l'appela : frère d'armes. Peu avant sa mort, à Wetzlar, il devina l'ambition du vainqueur d'Arcole et laissa échapper ce mot : « S'il veut se faire despote, il faudra qu'il me passe sur le corps. » Comme on rappelait ce mot à Napoléon, à Sainte-Hélène, il répondit : « Il se serait soumis, ou je l'aurais brisé. » — Le dominateur de l'Europe eût brisé cette épée, peut-être, mais cette âme, non. Et peut-être que l'esprit modéré de Hoche eût su conserver cette rive gauche du Rhin que le génie effréné de Napoléon perdit après avoir tenu le monde sous sa main.

Parmi les lieutenans qui combattirent sous Hoche à Landau, se trouvait Desaix. Le gentilhomme de l'Auvergne eut les vertus austères du passé ; son courage était silencieux. Au temps des croisades, il eût été templier ou chevalier de l'ordre de Saint-Jean de Jérusalem. Sous la première république, il devint le modèle du général de brigade, prouvant en toute occasion que le bon soldat n'est fait ni d'entraînement ni de colère, mais de sang-froid et d'intrépidité. En Égypte, où il se vit face à face avec les mameluks, il organisa ces fameux carrés d'infanterie qui, dans les batailles de l'empire, résistèrent si bien aux charges de cavalerie. Desaix eut la modestie dans la force, l'énergie dans l'abnégation. Il rechercha toujours le second rang et s'y conduisit comme au premier. Il est resté cher aux Alsaciens à cause de sa fameuse défense du fort de Kehl. Il s'y jeta avec une petite troupe, et, n'ayant pas de canons, commença par en prendre aux Autrichiens. Exténué par la famine et menaçant de se frayer une route à travers les assiégeans, il obtint de se retirer avec les honneurs de la guerre. Quand les Autrichiens entrèrent dans le fortin, ils ne trouvèrent que des tas de terre. Leurs canons avaient tout démoli, mais les assiégés étaient sortis les armes à la main. Frappé mortellement à Marengo, au début de cette première grande bataille qu'il fit gagner au premier consul et craignant que sa mort ne décourageât les siens, il dit simplement à ceux qui l'emportaient : « N'en dites rien. »

Lorsqu'aujourd'hui nous voyons sa statue sur la route de Strasbourg à Kehl gardée par un factionnaire allemand, nous sommes tenté de nous écrier à notre tour : « Ne le lui dites pas. »

La statue de Desaix, qui rêve tristement entre les peupliers du Rhin, nous fait penser à celle de son ami Kléber debout sur la place d'armes de Strasbourg dans sa fière attitude. Ce bronze est le chef-d'œuvre de Grass, un artiste alsacien de haute distinction, et Kléber est le fils chéri de Strasbourg. L'Alsace a donné nombre de braves soldats à la France ; celui-ci est son héros. « Tout, dans cette figure, dit son biographe Desprez, est large et plein, les traits forts, les yeux grands, la bouche grande, les couleurs hautes, les cheveux épais et bouclés ; la vie y circule abondante et à l'aise. » Le fait qui décida de sa carrière le peint tout entier. Il était architecte à Belfort. La révolution éclatait. Les officiers de Royal-Louis, ne voulant pas reconnaître les nouveaux magistrats, marchèrent contre eux avec leurs troupes. Voyant cela, Kléber, le sabre en main, couvre les magistrats de son corps, harangue les soldats en soldat, arrête l'insurrection. Peu après il fut nommé adjudant-major dans le deuxième bataillon du Haut-Rhin. Tel nous le voyons dans cette circonstance, tel il fut toujours : brave, fougueux, emporté pour la justice et toujours prêt à la défendre, à lui tout seul, de sa large poitrine. Il ne trouvait toute sa lucidité que dans le danger. Aussi aimait-il à s'y jeter. Au siège de Mayence, en Vendée, sous les Pyramides, au mont Thabor, il se ressemble partout, superbe dans l'attaque, fougueux dans la résistance, l'idole du soldat et l'honneur du champ de bataille, où seulement il devient lui-même. Cette riche nature avait la nonchalance et les réveils du lion. Il a passé à la postérité dans l'attitude de sa statue, avant la bataille d'Héliopolis. Il vient de recevoir la lettre de lord Keith ; il la froisse d'une main, de l'autre il saisit son sabre et se rejetant en arrière, il répond à l'insolence de ses ennemis par ce défi : « Les armes que vous demandez, venez les prendre ! »

Un jour, — c'était dans la terrible guerre de Vendée, — Kléber, dans un bivouac, au milieu d'une lande de genêts, vit venir à lui un jeune officier qui se trouvait sous ses ordres. Beau visage, encadré de longs cheveux bruns : les traits fins, l'expression fière ; et sur cette noble physionomie flottait, comme un voile, la mélancolie des âmes délicates. Cet exalté voulait faire la connaissance du général et venait à lui, tout frémissant d'enthousiasme. Kléber, inquiet, préoccupé du lendemain, lui répondit d'un ton bourru : « Vous avez eu tort de quitter votre service. » L'officier, qui se nommait Marceau, se retira froissé. Le lendemain, on se battait. Soudain, Kléber voit Marceau charger les Vendéens à la tête des hussards mayençais avec tant d'impétuosité qu'il disparaît au milieu des ennemis. Il le croit perdu et se met à jurer comme un Turc contre le jeune imprudent. Enfin Marceau revient, les yeux flamboyans. Alors Kléber courut à lui, et, le serrant dans ses bras ; « Pardon ! dit-il, hier, je ne vous connaissais pas. Maintenant, soyons amis ! » Ils le furent pour la vie, et il n'est rien de plus confortant dans les annales militaires que cette amitié scellée de tant de hauts faits, entre deux natures si diverses, mais unies dans un même enthousiasme. Kléber était violent ; Marceau avait l'âme tendre et susceptible. Malgré cela, ils ne se brouillèrent jamais. Leur tâche en Vendée était difficile, semée d'embûches. Les jacobins les soupçonnaient souvent, le comité de salut public menaçait leurs têtes. Ils se soutinrent réciproquement et se signalèrent dans cette campagne par des actes de générosité envers les royalistes vaincus. Une fois, ce sont des enfans qu'ils trouvent dans la forêt et qu'ils emportent dans leurs bras ; une autre fois, c'est une jeune fille noble qu'ils font évader à grands frais.

Leur amitié fut ainsi comme un beau rayon de lumière qui les guidait à travers la sombre époque de la terreur et les épreuves de la guerre vers l'humanité qu'ils rêvaient. La Sambre et la Meuse les revirent combattre ensemble. Puis le sort les sépara sans désunir leurs cœurs. Marceau périt à Altenkirchen, dans cette mémorable retraite où il se montra plus héroïque qu'on ne peut l'être =dans une victoire. Quand son cercueil passa le Rhin, les Autrichiens voulurent lui rendre hommage. La fureur de la guerre s'arrêta un instant devant la majesté de cette mort. Les canons tonnèrent sur les deux rives du fleuve et les armées ennemies, réconciliées pour un jour, saluèrent à son départ la grande âme du héros de vingt-sept ans. Kléber tomba peu après, en Égypte, sous le poignard d'un musulman fanatique. Son corps est revenu reposer dans sa ville natale, sous sa statue, non loin de Desaix. Le hasard a réuni, à Coblentz, les restes de Marceau et de Hoche dans une même tombe. Ainsi les quatre héros sont ensevelis près du Rhin. Cette rive gauche, qu'ils avaient conquise et que nous avons perdue, ils sont seuls à la garder encore ! Leurs monumens solitaires y sont les souvenirs éloquens, mais ineffaçables, de cette France à laquelle ils crurent plus qu'à eux-mêmes et pour laquelle ils sont morts.

## VII.

Trois quarts de siècle nous séparent de ces grands jours. Ce temps a suffi pour compléter la fusion entre l'Alsace et la France. Commencée dans l'élan de 1789, continuée dans l'armée et sur les champs de bataille, cette union s'est affirmée depuis dans tous les domaines de l'industrie, des sciences, des arts et des lettres. Si l'Alsace a toujours tenu à son originalité, elle n'en avait pas moins l'instinct de son unité croissante avec l'esprit et l'âme français. Un signe remarquable que cette unité avait pénétré dans les couches profondes de la population alsacienne, ce sont les romans nationaux de MM. Erckmann-Chatrian, dont l'œuvre considérable nous donne un tableau véridique de la vie populaire en Alsace depuis une centaine d'années. Dans leurs romans d'avant 1870, on voit percer, à côté du patriotisme français le plus sincère, l'espérance d'une entente pacifique entre les deux races, dont l'Alsace française aurait pu être le trait d'union. Beaucoup d'amis de la paix partageaient alors cette illusion généreuse. Ils ignoraient les rancunes séculaires savamment entretenues par la Prusse et l'appétit vigoureux de nos voisins. Comment le trait d'union est-il devenu un fossé de sang que des siècles peut-être ne suffiront pas à combler ? C'est ce qu'il ne nous appartient pas de dire ici. Mais nous ne pouvons clore le cycle des grandes légendes de notre pays sans donner un regard au champ de bataille où son destin se jouait il y a treize ans. Quelque douloureuse que soit notre tâche finale, il nous faut traverser ces lieux où l'Alsace et la France se sont perdues sans se dire adieu. Si ce souvenir est fait pour réveiller nos tristesses, il peut aussi raviver toutes nos espérances.

Niederbronn est une petite ville située à l'entrée d'un défilé des Vosges qui conduit par Bitche à Metz. De larges collines ondulées s'appuient aux flancs sombres des Vosges et forment le vallon de la Sauer. En suivant la route de Niederbronn à Frœschwiller par Neeweiler, on longe la ligne des hauteurs occupées le 6 août 1870 par l'armée française. C'est le champ de bataille de Wœrth, de funeste mémoire. Dès les premiers pas, il s'annonce par des signes funéraires qui rompent la paix des champs et font des taches sinistres sur le vert des prairies. Ce sont des tertres surmontés de petites croix de bois, où pendent des couronnes d'immortelles et de feuillage flétri. Là sont confondus par centaines Allemands et Français, zouaves, troupiers, Prussiens et Bavarois, entassés pêle-mêle après la lutte suprême, acharnée. Puis viennent de petits monumens, des enclos funèbres, des marbres, avec des noms connus et inconnus. On s'arrête, on lit, on cherche, et l'on reprend sa route d'un pas plus lourd. Nous voici dans le village de Frœschwiller, où se dressent les deux églises reconstruites, l'une par l'Allemagne, l'autre par la France. Elles ont beau être des asiles de paix ; debout, l'une en face de l'autre, elles semblent se défier encore. Sur l'autre versant, devant le village, en redescendant la pente, les croix se multiplient. Parfois ramassées au coin d'un bois, elles font penser à une lutte sauvage, corps à corps ; plus loin, elles s'échelonnent dans un chemin creux et reproduisent encore, par leur rangée inquiète, une colonne de tirailleurs. On respire mal, on presse le pas. De distance en distance s'élèvent des croix, toujours des croix. De tous côtés, aux montées, aux descentes, elles surgissent et s'étendent à perte de vue. La campagne assombrie se transforme en un immense cimetière. Et, tandis que tous ces morts dorment le grand sommeil sous les arbres doucement agités par la brise, la fièvre de leur dernier combat nous monte au cœur et la sueur nous ruisselle au front.

Arrêtons-nous sur la hauteur d'Elsasshausen. Nous sommes au centre de la ligne française. Le maréchal de Mac-Mahon avait établi son quartier-général à ce poste très exposé. On montre le noyer d'où il suivait les péripéties du combat avec son état-major. D'ici, on domine le vallon de la Sauer, le regard embrasse tout le champ de bataille et le combat revit pour nous. — Il était une heure de l'après-midi : les Français occupaient encore toute leur ligne ;

Frœschwiller et Wœrth étaient en flammes ; la canonnade et la fusillade retentissaient sur un espace de plus de deux lieues. Mais l'arrivée simultanée du prince royal et du général von der Thann sur le lieu de l'action devait changer la fortune du combat. Cette nouvelle venait d'arriver à l'état-major. Une forêt de casques et une mêlée effroyable sur le pont de Gunstett prouvait que l'aile droite était débordée et forcée de se replier sur Niederwald. C'est alors qu'eut lieu la fameuse charge des cuirassiers dite « de Reichshoffen, » restée légendaire en Alsace et connue du monde entier. Le commandant en chef les lança pour couvrir son aile droite. La brigade Michel, postée à Eberbach, reçut l'ordre de reprendre Morsbronn. Ce fut sans doute un spectacle émouvant pour ceux qui le virent que ces trois régimens partant et se précipitant, ventre à terre, à travers tout un corps d'armée répandu en pelotons et en essaims de tirailleurs sur une étendue d'une lieue dans le vallon de la Sauer. Suivant le cri de leurs officiers, penchés sur le cou de leurs chevaux, sabrant ce qu'ils trouvaient sur leur passage, ils balayèrent les champs sous les feux et la mitraille du 11$^e$ corps. Mais à mesure qu'ils avançaient dans cette furieuse cavalcade de la mort, on voyait chevaux et cavaliers s'abattre dans leurs bonds prodigieux. Ils furent peu nombreux, ceux qui sortirent de cette fournaise, et qui, par la route montante, pénétrèrent dans Morsbronn sous la fusillade plongeante des Bavarois embusqués à toutes les fenêtres des maisons. Leurs corps s'entassèrent dans ce village, qu'ils avaient reçu l'ordre de reprendre et où ils ne purent que mourir !

Après cet essai infructueux de protéger son aile droite, le maréchal dut se replier sur Frœschwiller. La bataille était perdue. Le centre, si âprement disputé depuis neuf heures du matin, allait être attaqué maintenant de trois côtés à la fois par des forces triples et quadruples avec toute la masse de l'armée allemande victorieuse sur les ailes et qui, tournant les Français par leur gauche vers Niederbronn et Reichshoffen, tentait déjà de nous couper la ligne de retraite. Dans cette extrémité, pour éviter un plus grand désastre, le maréchal ordonna une seconde charge à la dernière réserve de cavalerie dont il disposait. Est-il vrai ou apocryphe ce bref et poignant dialogue qui doit l'avoir précédée ? On se le racontait dans l'armée française et je l'ai entendu répéter en Alsace. Si ce n'est pas de l'histoire, cela ressemble beaucoup à la vérité. Le maréchal de Mac-Mahon s'élança vers le général Bonnemain, en lui criant : — « Général, chargez sur la droite avec toute votre division. Allez ! — Maréchal, c'est à la mort, vous le savez ? — Oui, mais vous sauverez l'armée. Embrassez-moi et adieu ! » Le général partit au galop, la masse s'ébranla et disparut dans un gouffre de fumée et de feu. — Ah ! ces beaux, ces fiers cuirassiers ! la fleur de la jeunesse virile, à la longue crinière, à la poitrine luisante, au regard intrépide, que de bonnes payses leur avaient jeté des bouquets, que de nobles jeunes filles leur avaient souri d'une fenêtre comme à l'espoir de la patrie ! Que sont-ils devenus ? Ils dorment sous la terre. Ils ont sauvé l'armée !

C'est assez évoquer le passé… c'est trop se souvenir !… Nous touchons à la fin de notre pèlerinage. Pour l'achever, allons saluer la colline où reposent ces braves. En sortant du village de Morsbronn, on gagne le sommet d'un vignoble. Sur la hauteur s'élève une pyramide de grès dont la base est flanquée de quatre boules de fer et qui domine la plaine. C'est le monument consacré aux cuirassiers dits de Reichshoffen, Sur les deux côtés sont inscrits les noms d'une série de régimens français. Sur la façade est gravée l'inscription suivante :


MILITIBUS GALLIS

HIC INTEREMPTIS DIE 6 AUGUSTI 1870

DEFUNCTI ADHUC LOQUUNTUR

EREXIT PATRIA MOERENS


Découvrons-nous en présence de cette pierre qui regarde l'Alsace et que dore le soleil couchant. Car ceci est encore la France, et ceux qui sommeillent autour ne sont pas des vaincus. Ils ont passé le mauvais pas et remporté la grande victoire. *Defuncti adhuc loquuntur* ! Les morts parlent encore ! Il nous semble, en effet, que leur voix sort du monument et nous dit : « Oui, la France est ici, dans nous qui veillons, dans ceux qui espèrent. Si vous voulez reconquérir ce que vous avez perdu, soyez non des enfans, mais des hommes. Les nations périclitent par la légèreté, par la mollesse, par l'égoïsme ; elles vivent par le sérieux, par la discipline et le dévoûment. Le marbre dont se bâtit le temple invisible de la patrie se nomme conscience et volonté. Cette divinité auguste n'a de refuge inexpugnable que dans les âmes fortes, où vit le culte du passé avec la foi en l'avenir. Elle peut se voiler ou disparaître dans les tempêtes de l'histoire, mais elle renaîtrait du néant même par les cœurs fermes et par les grands courages. »

ÉDOUARD SCHURÉ.

1. ↥ Schœpflin, dans son *Alsatia illustrata,* considère faussement le mur comme une construction gallo-romaine. Schweighauser et Levrault lui donnent avec probabilité une origine celtique.
2. ↥ M. Voulot a trouvé huit tombes dans l'enceinte du mur païen. Il les a décrites dans son livre : *les Vosges avant l'histoire,* Mulhouse, 1872. Les ossemens, haches, colliers et anneaux trouvés par lui dans ces tumuli sont actuellement au musée archéologique d'Épinal, dont M. Voulot est le conservateur.
3. ↥ La *Kirneck,* ruisseau qui traverse la vallée de Barr, le *Krax,* montagne voisine, le *Menelstein,* l'*Ellsberg* sont des noms d'origine celtique. *Truttenhausen,* endroit situé au pied du mont Sainte-Odile, signifie *maison des druides.* C'était probablement la principale résidence du collège druidique qui avait la garde de la montagne et présidait à son culte. Plus tard, pour exorciser ce lieu, on y bâtit un couvent dont on voit encore les ruines.
4. ↥ La partie de la montagne où se trouve *le Plateau des fées* s'appelle encore aujourd'hui l'*Ellsberg* (montagne d'Ell).
5. ↥ Chant d'Avaon, fils de Taliésin, barde gallois. (*Mywirian.*)

70

6. ↑ La source la plus ancienne est un manuscrit intitulé *Lombardica Historia*. On retrouve la légende dans la chronique de Schilter ajoutée à celle de Kœnigshoven et dans celle de Hertzog. Pour les recherches historiques et la description archéologique des lieux, voir : *Sainte-Odile et le Heidenmauer*, par Levrault. Colmar, 1855.

7. ↑ Les traditions ecclésiastiques sur Richardis ont été réunies dans une monographie : *Sainte Richarde, son abbaye d'Andlau, son église et sa crypte*, par Charles Deharbe. — Paris, typographie Renou, 1874. — La critique historique trouvera à redire à cet ouvrage, mais il contient les documens les plus intéressans sur le sujet. C'est aussi grâce aux soins et aux frais de l'abbé Deharbe qu'a été élevée la jolie statue de Richardis par Grass qui orne la fontaine d'Andlau. Sur le piédestal, on voit deux petites harpes sculptées en relief. L'humble ecclésiastique qui a consacré sa vie et sa fortune à la gloire de sa sainte n'a pas voulu que son nom figurât sur le monument. Il n'y a fait qu'une timide allusion par les *deux harpes* qui rappellent son nom, *Deharbe*. L'innocent jeu de mots trahit à la fois la modestie du restaurateur de Richardis et le sentiment délicat qui l'a guidé.

8. ↑ Voir le récit de ce voyage dans l'intéressant opuscule : *le Grand Tir strasbourgeois de* 1576, par R. Reuss. Strasbourg, 1876.

9. ↑ *Geschichte des Krieges von Deutschland gegen Frankreich*, von Julius von Wickede. — Ce récit et celui qui précède sont empruntés au *Journal du siège par une réunion d'habitans et d'anciens officiers.* Fischbacher, 1874.

10. ↑ Pour les rectifications et les détails sur l'histoire de *la Marseillaise*, voir la monographie : *le Chant de guerre pour l'armée du Rhin*, par Le Roy de Sainte-Croix. Strasbourg ; Hagemann, 1880.